읽기만 해도
영어가 되는 책

일러두기〉
하브루타 교육에 관한 내용은 다음 두 도서를 참고하였다.

• 양동일, 김정완,《질문하고 대화하는 하브루타 독서법》, 예문, 2016
• 전성수,《부모라면 유대인처럼 하브루타로 교육하라》, 예담friend, 2012

읽기만 해도 영어가 되는 책

쉽고, 재미있고, 완벽하게!
유대인 하브루타 영어 교육법

조앤 김 지음

북삼일공칠

이 책의 활용법

1. 먼저 영어의 문장 규칙에 따라 문장을 분석한다.

- 첫 번째 자리는 뭐가 들어갈까?
- 두 번째 자리 동사는 어디 있나?
- 동사 다음에 와야 하는 목적어는 무엇이지?
- 주어를 꾸며주는 말은 무엇일까?

2. 영작할 문장을 한글로 먼저 만들어본다.

다음과 같은 질문을 하면서 영어 단어를 찾아 넣어 문장을 완성한다.
- 1번 자리 주어는 무엇이지?
- 3번 자리가 목적어가 필요한가? 필요 없다면 자동사로 1형식이구나.
- 3번 자리에 보어가 필요하다면 2형식이구나.
- 3번 자리에 목적어가 필요하면 3형식이다.
- 4번 자리에 목적어가 하나 더 필요하면 4형식이다.
- 4번 자리에 목적어를 설명해주는 목적격 보어가 필요하면 5형식이구나.

1(주어)	2(동사)	5(수식어구)
두려움이	사라졌다	흔적도 없이
Fear	disappeared	without a trace

2형식 문장인 "너는 빛이다"에서 '세상의 빛'이라는 수식어를 넣어보자.

1(주어)	2(동사)	3(보어)	5(수식어구)
너는	이다	빛	세상의
You	are	the lihgt	of the world

3. 영어 문장을 완성했으면, 그 문장을 답으로 이끌어낼 수 있도록 의문문을 만들어본다.

이때 친구나 가족의 도움을 받아 질문하고 답하는 방식으로 진행한다. 도와줄 친구가 없다면 나에게 질문하고 답하는 방식도 좋다.

"두려움이 흔적도 없이 사라졌다." 이 문장을 "두려움이 흔적도 없이 사라졌습니까?"라는 의문문으로 바꿔보자.

	1(주어)	2(일반동사)	5(수식어구)
	Fear	disappeared	without a trace
조동사 do(과거시제)	1(주어)	2(동사원형)	5(수식어구)
Did	fear	disappear	without a trace?

4. 나의 생각을 영어로 옮기기

항상 다른 사람들이 말하는 문장을 외우는 것은 의미가 없다. 그리고 잘 외워지지도 않는다. 이때 마인드맵으로 나의 생각과 연관 단어를 도출하여 만들고 싶은 문장을 떠올려본다.

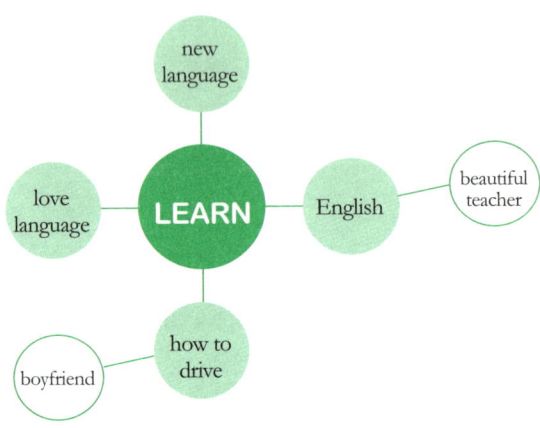

5. 18일, 3주 동안 하루 20분씩

하루 한 단어를 이용해 3개의 문장을 영작한다. 영작한 문장을 이용해 의문문을 만들어본다. 이렇게 단어의 의미를 떠올리고, 마인드맵하면서 문장을 만들어가는 과정이 내 머릿속에 장착되어야 한다. 그러면 더 이상 영어는 어렵지 않게 된다.

Step 1. Concept

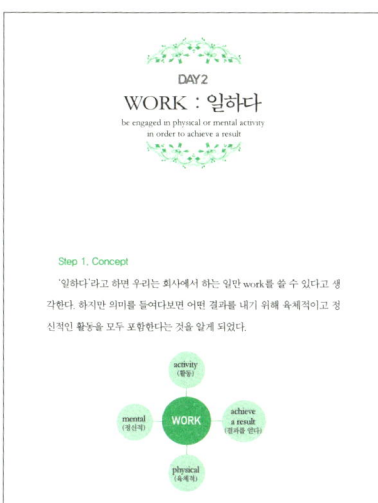

Step 2. Mind map

Step 3. Sentence frame

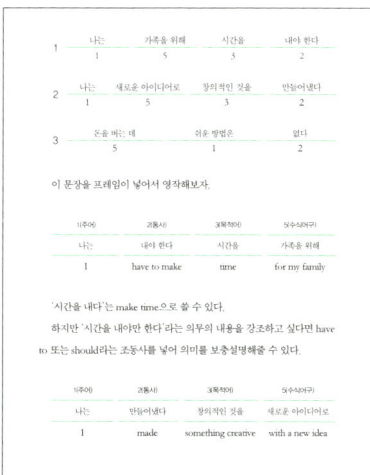

Step 4. Questions & Answers

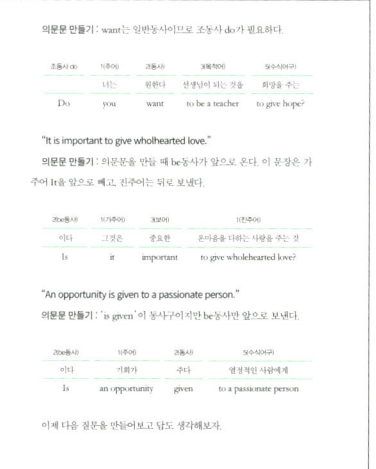

이 책의 활용법

저자의 글

대한민국에서 교육은 늘 가장 뜨거운 이슈다. 부모들은 언제 어디서나 자녀들의 교육에 온 마음을 다해 관심을 가지고 투자한다. 성인이 되어서도 자기계발을 위한 교육은 큰 관심거리이다. 교육 분야에 오랫동안 몸담고 있었던 나 역시도 늘 어떻게 교육해야 옳고, 효과적인지에 대해 관심을 가지고 있다.

사실 유대인의 교육, 하브루타에 대해서는 오래 전부터 들어왔다. 그들의 우수함에 대해서도 모두가 알고 있을 만큼 많이 들어왔다. 하지만 쉽사리 하부르타를 연구하고 접목할 생각을 할 수 없었다. 왜냐하면 그것은 그들의 문화이며, 삶이기 때문이다.

놀라운 것은 하브루타를 알아보기 이전부터 교육의 방향성과 효율성에 대해 연구한 것이 결과적으로 유대인의 교육과 비교해볼 때 비슷한 점이 많았다는 것이다.

유대인의 교육법인 하브루타를 영어 교육에 어떻게 접목할 수 있을까? 이제부터 유대인들의 교육인 하브루타가 무엇인지 알아보고, 그것을 통한 이상적인 영어 교육법에 대해 이야기해보려고 한다.

- 조앤 김

들어가는 글

나는 너무 운이 좋게도 유치원생부터 73세까지 전 연령을 다 가르쳐볼 수 있는 기회를 가졌다. 내신을 걱정하는 학생들과 취업을 준비하는 대학생 및 승진을 준비하는 직장인들, 새로운 인생의 일부분을 준비하는 주부들, 손주들과의 대화를 꿈꾸는 어르신들 그리고 사업의 발판을 넓혀가는 기업인들까지. 꿈을 포기할 줄 모르는 다양한 분야의 학생들을 만나면서 내 가슴이 함께 뜨거워지고, 어떻게 이들을 도울 수 있을까 고민해왔다.

정말 영어가 그렇게 어려운 것인가? 무엇이 문제일까? 그리고 나를 돌아보았다. 학창시절 영어에 푹 빠져 살았던 나는 어떻게 공부했었는지 곰곰이 생각해보았다. 처음에는 무조건 외우고 따라 했다. 발음이 너무 좋아서 그냥 그렇게 했다. 하지만 시간이 지나갈수록 왜 이렇게 써야만 하는지 궁금해지기 시작했다. 그래서 묻고 그 답을 찾기 위해 파고 들기 시작했다. 궁금한 것들이 하나씩 해결되면서 영어라는 언어와 그 언어를 모국어로 쓰는 사람들이 이해되기 시작했다. 우리는 끊임없는 질문을 해야 한다. 그런 호기심과 적극적인 마음으로 답을 찾아갈 때 그 해답은 내 것이 된다. 이것은 비단 영어교육뿐만 아니라 모든 생활과 교육의 부분에 다 적용되는 것이다.

영어를 왜 하는가? 영어가 완벽하다는 것은 어떤 것인가?
영어를 잘한다는 기준은 무엇인가?
이런 질문에 답을 하는 학생들은 많지 않다. 그냥 영어를 잘 못한다고만 대답한다. 언어는 구조를 가지고 있다. 집을 지을 때 설계도를 가지고 집을 지어야 내가 원하는 구조가 나오는 것처럼. 영어의 구조를 이해하기를 바란다. 그리고 내가 필요하고 알고 싶은 단어와 표현들로 그 구조를 채워나가기 바란다. 그렇게 영어라는 집을 한 채씩 지어나가다 보면 다양한 분야에서 영어로 표현하고 소통할 수 있지 않겠는가!

자, 이제부터 이 책을 읽으면서 자신을 잘 이해시켜보자. 3주 동안은 매일 영어를 20분 정도 한다는 마음으로 해보자. 영어를 한다는 것이 습관이 되고, 하루하루 쌓여갈 때 그 시간은 우리를 배신할 수 없다는 것을 믿고 기쁜 마음으로 시작해보자.

CONTENTS

이 책의 활용법 • 4
저자의 글 • 8
들어가는 글 • 10

PART 1.
유대인 교육법, 하브루타로 배우는 영어

유대인의 교육법, 하브루타란 무엇일까 • 18
질문하고 답하는 유대인 영어 교육의 비법 • 21

PART 2.
영어 문장에는 규칙이 있다

동사는 어떻게 다뤄야 할까 • 30

감정을 나타내는 분사는 어떻게 사용해야 할까 • 35

동명사 대신 to부정사를 넣을 수 있을까 • 40

영어 문장은 어떻게 나눌 수 있을까 • 45

수식해주는 말들은 어떻게 붙일까 • 55

영어로 질문하기 • 58

영어, 제대로 활용하는 4단계 프로세스 • 69

PART 3.
18일의 법칙, 영어로 리셋하라

DAY 1. EAT : 먹다 • 84

DAY 2. WORK : 일하다 • 94

DAY 3. GIVE : 주다 • 101

DAY 4. MAKE : 만들다 • 109

DAY 5. LISTEN : 듣다 • 118

DAY 6. SEE : 보다 • 126

DAY 7. FEEL : 느끼다 • 133

DAY 8. FIND : 찾다 • 140

DAY 9. SAY : 말하다 • 147

DAY 10. START : 시작하다 • 155

DAY 11. FINISH : 마치다 • 162

DAY 12. HELP : 돕다 • 170

DAY 13. THINK : 생각하다 • 178

DAY 14. GROW : 자라다 • 186

DAY 15. LIKE : 좋아하다 • 194

DAY 16. HATE : 싫어하다 • 201

DAY 17. WISH : 바라다 • 208

DAY 18. LIVE : 살다 • 215

마치는 글 • 222

Part 1

유대인 교육법, 하브루타로 배우는 영어

유대인의 교육법
하브루타란 무엇일까

전 세계적으로 유대인은 우수한 민족으로 인정받고 있다. 이는 전 세계 인구의 0.3퍼센트밖에 안 되는 유대인이 노벨상 수상자의 30퍼센트를 차지하는 것으로 증명된다. 그 비결이 무엇일까? 비결을 찾아내기 위해서는 유대인들의 교육을 들여다봐야 한다. 유대인들의 교육을 한마디로 정의하면 '하브루타'라고 할 수 있다.

하브루타의 원어적인 의미는 '친구, 짝, 파트너'라는 뜻의 '하베르'에서 유래했다. 그래서 하브루타라고 하면 짝과 함께 이야기하고 나누는 것을 말한다. 유대인들은 토라나 탈무드를 공부할 때 짝을 지어 질문하고 대답하며 논쟁, 토론, 대화를 한다.

논쟁이나 토론에 익숙하지 않은 한국인들은 이런 공부법이 낯설지만,

유대인들은 태교를 할 때부터 뱃속에 있는 아기에게 말을 건넨다. 그리고 아이들에게 잠자리에 들기 전 베드타임 스토리를 들려주고, 식탁에서는 어김없이 질문과 대답이 오고 간다.

유대인들의 문화 자체가 하브루타이다. 유대인 부모들은 아이들이 스스로 생각할 수밖에 없는 좋은 질문을 만들기 위해 항상 생각하며 질문을 던진다. 어릴 때부터 질문을 받아온 아이들은 대답을 찾아가는 과정을 즐거워하며, 그 과정에서 또 끊임없이 질문한다. 이렇게 자발적인 학습 참여는 아이들에게 자신감과 학습에 대한 긍정적인 태도를 가지게 만든다.

질문하는 습관이 현재 각 분야에서 뛰어난 유대인들을 만들어내고 있는 것이다. 이런 문화는 자연스럽게 유대인들을 다중언어 구사가 가능하도록 만들었다. 사실, 유대인들은 어릴 때부터 외국어를 익히는 습관을 몸에 배도록 하고 있다. 유대인들은 대부분 2개 국어 이상을 구사할 줄 안다. 대학을 졸업하면 3~4개의 언어를 구사하는 것이 보통이다.

역사적으로 유대인들은 박해를 피해 전 세계에 흩어져 살게 되면서 자연스럽게 여러 나라의 언어를 터득하게 되었다. 그들은 태생적으로 다중언어 환경에서 언어학습을 받으면서 성장한 셈이다. 몇 개 언어들을 자유로이 사용하게 된 유대인들은 당연히 머리가 명석해지고 똑똑해질 수밖에 없었다.

이러한 언어 훈련을 통해 그들은 다중지능의 소유자가 된 것이다. 동시에 여러 언어를 구사하다 보니 지적 능력이 길러지게 되었다.

토론하면서 지혜를 나누는 하브루타 교육방식은 수업을 진행하면서 영어를 병용함으로써 자연스럽게 실질적인 영어 커뮤니케이션 능력을 발전시킬 수 있도록 구성되어 있다.

또한 다양한 활동을 통해 영어를 최대한 재미있고 쉽게 배울 수 있는 환경을 조성하여 영어는 쉽고, 일단 배운 것은 바로 활용할 수 있다는 자신감을 심어주도록 설계되어 있다. 물론 이렇게 영어를 포함한 외국어가 어린 시절부터 습득되는 환경을 가진 유대인들과 동일하게 학습할 수는 없을 것이다. 하지만 그들의 우수한 교육법을 활용하는 것이 큰 의미가 있으리라 생각된다.

질문하고 답하는
유대인 영어 교육의 비법

유대인 100명을 만나면 100개의 질문이 나온다고 한다. 그 정도로 그들은 능동적으로 사고하고 매사에 호기심을 가지고 접근한다. 무엇인가를 궁금해하고 알려고 하는 마음이 모든 일의 시작이다.

예를 들어 내가 누군가에게 궁금증이 생기기 시작했다면, 그 사람에게 마음이 가기 시작하고 애정이 생겨서이다. 이처럼 학습도 이런 마음이 생겨서 하는 것과 수동적으로 주어진 것을 마음 없이 하는 것은 그 과정과 결과가 매우 달라진다는 것이다.

영어교육을 받으면서 궁금해하고 질문하고 알고 싶었던 마음이 있었는가? 대부분의 학생들은 교과서 지문과 문제를 풀고 외우는 것만 해왔지 스스로 궁금해서 문제를 풀어가는 경우는 극히 드물 것이다.

이제는 우리의 태도를 바꾸어보자. 영어 단어를 볼 때도 왜 이 경우에 이런 단어가 쓰이는지에 대해 궁금해하고, 문장을 만들 때도 왜 이 단어가 이 자리에 와야 하는지 궁금해하고 관심을 가져보자.

내가 하고 싶은 말이 무엇인지, 나의 생각은 어떤지도 궁금해하자. 그러면 실타래가 풀리듯 영어의 꼬이고 막힌 부분이 하나씩 풀려가기 시작할 것이다.

- 호기심을 유발하는 좋은 질문을 할 수 있어야 한다.
- 영어라는 언어의 규칙과 단어들의 의미를 이해해야 한다.
- 정확히 내가 생각하고 표현하려는 것이 무엇인지 알고 생활에서 활용할 수 있어야 한다.

좋은 질문으로 시작하기 : 왜 영어를 해야 하는가

우리는 어릴 때부터 부모님 손에 이끌려 영어학원, 과외 등 수많은 사교육을 통해 영어를 학습한다. 또한 영어란 높은 성적을 받아 좋은 학교에 가고, 좋은 직장을 얻기 위해 어쩔 수 없이 해야만 하는 과목으로 여겨지고 있다. 그렇게 어쩔 수 없이 영어 공부를 하다 보니 대부분의 한국인은 영어를 생각하면 스트레스를 받고, 해도해도 안 되는 것이라고 생각하게 되는 것이다. 영어를 시작하는 첫 단추부터 잘못 채워진 것이다.

나는 초등학교 때 영어테이프를 들으면서 처음 영어를 만났다. 그 당시에는 학교에서 영어를 가르치지도 않았고, 초등학생이 영어학원을 다니는 일도 흔하지 않았다.

처음 영어테이프를 통해 들은 영어의 새롭고 이국적인 발음에 나는 마음이 빼앗겼다. 그 발음이 너무 예뻐서 듣고 또 들으면서 따라 했다. 뜻도 모르지만 그 매력적인 언어가 유행하는 노래인 양 듣고 또 들으면서 따라 했다. 그렇게 자연스럽게 영어를 좋아하게 되었다.

무엇인가를 좋아할 때는 계기가 있게 마련이다. 그리고 좋아하는 것을 할 때 우리 안에 열정과 능력이 발휘된다. 시험을 잘보기 위해서만 영어 공부를 해오다가 이제 와서 영어를 좋아하기가 쉽지 않다. 물론 억지로 한다는 것은 무리가 있다. 오래하기도 힘들고 금방 지치게 된다.

시작하기 전에 영어를 하는 이유를 생각해보자. '대충 필요하니까'라는 것은 내 마음을 움직이기에 부족하다. 영어 공부를 해서 달라질 수 있는 나의 상황과 그것을 통해 내가 하고 싶은 것을 조목조목 적어서 위시 리스트를 만들어보자.

나는 학생들과 수업을 할 때 나에게 주어졌던 특별한 기회에 관해 이야기를 나눈다. 혼자서 배낭 여행을 하면서 매일 10명이 넘는 친구들을 만나고 사귈 수 있었다. 세계 각국의 사람들이 생각하고 즐기는 것들을 나누고 다양한 문화를 이해할 수 있게 된 것은 영어를 통해서였다.

내가 국제 PR을 공부하고 싶었을 때, 뮤지컬을 하고 싶었을 때 미국에 계신 교수님께 이메일을 써서 나의 마음을 진솔하게 말씀드려 거의 공짜로 유학할 수 있었던 일들과 핀란드에서 열리는 좋은 국제 컨퍼런스에 한국 대표로 참석할 수 있었던 일들을 학생들에게 얘기한다. 그리고 현대사회를 살아가는 우리에게 영어를 잘한다는 것이 얼마나 많은 기회를 주는지를 깨닫게 한다. 그러면 학생들은 세계로 눈을 돌려 비전을 새롭게 하고 더 열심히 영어 공부에 매진한다.

이제는 여러분의 차례이다. 영어를 잘하게 되었을 때를 생각하면서 할 수 있는 것들과 하고 싶은 것을 적어보자. 그 리스트가 해를 지나면서 이루어지고 성취될 꿈이라는 믿음으로 시작해보자.

무엇을 먼저 해야 하나 : 영어의 규칙 이해하기

영어에서 손놓은 지 오래된 학생들을 상담할 때가 있다.

"선생님, 제가 정말 영어는 알파벳밖에 몰라서 파닉스부터 다시 시작해야 될 것 같아요."

"선생님, 제 나이가 칠십이 넘었어요. 평생 영어를 해야지 생각했지만 바쁘게 살다 보니 하지 못했네요. 지금부터라도 시작하고 싶은데, 무엇부터 해야 할까요?"

"우리 아이들 숙제를 도와주고 싶은데 무엇부터 해야 할까요?'

"회사일 때문에 시간이 없어 영어를 못했는데 짬을 내서 해보려고요."

수많은 사연을 가진 분들을 만나고, 또 그 가운데 용기를 내서 영어에 도전하는 분들을 보았다. 그분들을 보면서 영어를 가르치는 사람으로서 무거운 책임감을 느끼며 늘 고민하고 또 고민했다.

우리는 왜 이렇게 영어를 어렵게 배우고 있을까?

가장 중요한 것은 이해하는 것이다. 복잡하고 어려운 영어를 무조건 외우기보다는 배운 것들에 질문하고 분석하여 답을 찾아가면서 깨달아야 한다. 한국어보다 영어가 더 규칙적이고, 그 규칙을 이해하면 어렵지 않게 영어를 익힐 수 있다.

성인들이 영어 공부를 위한 절대 시간을 확보하기란 힘든 일이다. 또한 영어를 공부하는 환경을 조성해야 한다는 말도 틀린 말이 아니다. 하지만 먼저 선행되어야 할 것이 있다. 그것은 바로 영어의 언어 규칙을 이해하는 것이다.

예를 들어 집을 지으려고 하는데, 설계도가 없다고 가정해보자. 어디서부터 어떻게 세우고, 붙이며 만들어가야 할지 혼란스러울 것이다. 운 좋게 만들었다고 해도 기초가 부실하다면 쉽게 무너지고 말 것이다. 지금까지 우리가 해온 영어 공부는 설계도 없이 집을 지은 것과 같다.

그럼 우리 아이들은 어떠한가? 요즘 초등학교에서는 노래하고, 말하기 등으로 재미있는 교육 방법을 통한 실용영어를 강조한다. 하지만 중학교에 입학하고 나서는 완전히 달라진다. 내신을 위해 열심히 외우고, 시험 보고 잊어버리고, 외우고 시험 보고 잊어버리는 과정을 반복하고 있다. 그래서 학교를 졸업한 후에도 많은 시간 동안 영어를 공부했지만 남은 것이 없다는 생각이 들고, 언제나 새롭게 시작하는 것 같다고 느껴진다. 지금부터라도 영어를 새롭게 바라보고 시작했으면 한다.

영어가 어떤 규칙을 가지고 있는지를 이해하고, 공부한다면 그것은 기초공사가 잘되고, 인테리어가 적재적소에 이루어진 집과 같다. 영어의 규칙을 이해한다면 목적에 맞는 단어와 표현들을 상황에 맞게 적절히 잘 사용할 수 있게 될 것이다

영어의 규칙은 문법과 패턴으로 설명할 수 있다. 하지만 기존에 나와 있는 문법은 규칙을 이해할 수 있도록 설명하기보다는 시험을 위해 거의 모든 문법과 단어를 정리하여 방대한 양을 외우는 지겨운 방식이다. 그래서 문법이라는 말만 들어도 학생들은 "아, 졸린다. 지겹다"라고 반응한다.

하지만 하브루타 학습법대로 영어 규칙에 대한 좋은 질문과 답을 낼 수 있다면 문법은 그렇게 어려운 것이 아니라, 오히려 규칙에 맞춰 떨어지는 수학 공식에 대입하는 것처럼 재미있다는 생각이 들 것이다. 물론 언어 영역은 수학처럼 답을 내는 것에서 그치는 것은 아니다.

상황에 따라 다른 표현들과 단어들이 있고, 사람마다 다양한 표현을 구사하기도 한다. 하지만 기본적인 규칙을 이해한다면 영어가 예전처럼 도무지 알 수 없는 언어로 느껴지지는 않을 것이다.

그래서 가장 먼저 영어의 규칙을 이해하는 일부터 시작하기를 권한다.

- 영어라는 건축물의 주춧돌 역할을 하는 동사는 총 몇 개로 나눠질까?
- be동사는 왜 뒤에 설명해주는 말이 필요할까?
- 문장을 만드는 규칙이 있을까?
- 사람의 감정은 왜 항상 과거분사로 쓸까?
- 동명사는 왜 필요한 걸까?

이런 질문을 던지면서 그 답을 찾아갈 때 영어에 대한 호기심이 생긴다. 그리고 찾은 답을 적용해가면서 성취감도 느끼게 되는 것이다.

Part 2

영어 문장에는 규칙이 있다

동사는
어떻게 다뤄야 할까

동사란 무엇일까? 먼저 동사라는 것은 사람이나 사물의 움직임, 작용을 나타내는 말이다. 'love(사랑하다)'라는 말은 어떤 존재를 몹시 아끼고 귀하게 여기는 행위를 나타내므로 동사이다.

영어와 한국어는 이 동사가 어느 자리에 놓이느냐가 다르다.

아이들은 엄마가 아빠를 사랑하는지 무척 궁금해한다. 아마도 현실에서 그들의 눈에 의아한 부분이 많기 때문이 아닐까 한다. 그래서 아이들이 엄마에게 아빠를 사랑하느냐고 물어볼 때 이렇게 대답할 수도 있다.

"내가 속이 상하고 네 아빠를 이해 못할 때도 많고, 나한테 하는 게 예전과 너무 달라져서 가끔 서운하고 밉지만 그래도 사랑하지."

그래서 사랑한다는 것인가, 사랑하지 않는다는 것인가? 한국말은 끝까지 들어봐야 알 수 있다!

그럼 영어는 어떠한가?

"Mom, Do you love daddy(엄마, 아빠를 사랑하세요)?"

대답은 어떠한가? 'I(나는)' 다음에 빙빙 돌릴 수 없게 결론을 먼저 얘기한다. 왜냐하면 주어 다음에는 바로 동사가 나와야 하는 자리이기 때문이다. 속이 상하거나 가끔 미워도, 어쨌든 사랑한다는 결론이라면 love, 사랑하지 않는다면 don't love 둘 중 하나를 선택해야 한다. 일단 I love him이라고 얘기해놓아야 어떨 때는 섭섭하고 싫을 때도 있지만 등의 부연 설명이 들어갈 수 있는 것이다.

이렇게 영어와 한국어는 어순이 다르다. 그것을 잘 이해하기 위해서는 무엇보다 동사가 중요한 것이다.

그럼 이제 "나는 영어를 배우기 시작했다"라는 문장을 영어로 옮겨보자. 제일 먼저는 첫 번째 자리에 '누가'라는 주어가 와야 한다. 한국어 문장에서도 주어가 처음에 나오니 어렵지 않다. 하지만 한국어와 영어의 차이점은 한국어에서는 말을 할 때 종종 주어가 생략된다는 것이다. 우리가 대화할 때 "영어를 배우기 시작했어"라고 주로 말하지 "나는 영어를 배우기 시작했어"라고는 꼬박꼬박 말하지 않는다. 하지만 영어는 첫 번째 자리가 주어 자리이면 예외적인 상황을 빼고 그 자리를 꼭 채워줘야만 한다. 그래서 "영어를 배우기 시작했다"라고 하면 '누가'라는 주어를 넣어줘야 한다. '내가'라는 의미인 'I'를 써준다.

두 번째 자리는 말이 길어지든지, 짧든지 동사를 넣어야 한다.
한국어는 '나'라는 주어 다음에 '무엇을'이라는 목적어가 오지만, 영어는 '~한다'라는 동사가 온다. 그래서 'I' 다음에 '시작했다'라는 동사인 started를 쓰면 된다.

여기서 잠깐! 학생들이 말하고 쓰는 것을 오랫동안 지켜봐온 결과 여기에 한 단어를 더 쓰는 학생들이 아주 많다는 사실을 알게 되었다. 바로 am이다. I 다음에는 어떤 단어가 오더라도 am이라는 단어를 쓴다는 것을 알게 되었다. 즉 I am started, 이렇게 쓰는 경우가 아주 많다.

이렇게 쓰는 이유는 동사에 대한 이해가 확실히 되어 있지 않기 때문이다. 동사는 일반동사와 be동사로 나눌 수가 있다. 일반동사는 의미를 가지고 있는 반면, be동사는 '~(이)다, 있다'라는 의미보다는 앞과 뒤의 말을 연결해주는 기능에 초점을 맞추고 있다.

우리가 잘 알고 있는 am은 be동사이다. be동사는 주어에 따라 'am, are, is, was(과거), were(과거)'로 나눠지며 원형이 be인 동사이다. '~(이)다'라는 의미를 가진다는 것은 앞 주어의 상태나 기능 등을 설명해주는 말을 연결해주기 위해서다.

"나는 행복해"라는 문장에서 한국어는 주어 부분인 '나는', 술어 부분인 '행복하다'로 나뉜다. 그래서 우리는 이것을 영어로 옮길 때 'I(나는), happy(행복한)' 두 단어만 있으면 된다고 생각한다.

하지만 happy는 '행복하다'가 아닌 '행복한'이라는 형용사이다. 형용사는 동사 자리에 들어갈 수가 없다. 영어에서는 동사 자리는 반드시 동사만 올 수 있다. 그래서 I와 happy를 연결해주는 be동사 am을 쓰면서 happy(행복한)에 '~다'를 붙여 '행복하다'를 만들어주는 것이다. 'I am happy'라고 하면 나의 상태가 행복하다는 것을 am이라는 be동사가 연결해주는 것이 된다.

이렇게 주어가 무엇이며, 어떤 상태인지를 설명해주는 보어 앞에는 be동사를 써줘야 한다. 하지만 '나는 시작했다'의 문장에서 '시작했다'라는 의미를 가지고 있는 'started'만으로 충분하다. 여기에 '~다'라는 동사형을 붙일 필요가 없는 것이다. be동사(~이다)는 뒤에 보어 자리에 형용사 또는 명사의 상태와 존재를 주어와 연결시켜줄 때만 써야 한다.

의미를 가진 일반동사는 어떻게 나뉠 수 있을까?

일반동사는 목적어를 취하는 타동사와 목적어를 취하지 않는 동사로 나뉘어진다. 예를 들어 'go(가다)'라는 동사는 '가다'에 대한 대상인 '~을'

이라는 목적어가 필요하지 않다. 그냥 '간다'라고 하면 소통에 문제가 없다. 이런 동사를 자동사라고 한다. 하지만 예를 들어 '원하다'라는 동사는 무엇을 원하는지 그 대상을 드러내야만 의미가 완전해진다. 이렇게 행위의 대상이 필요한 동사를 타동사라고 한다.

이 문장에서는 '시작했다' 다음에 무엇을 시작했는지를 써줘야 한다. 즉 시작한 대상이나 일에 해당하는 목적어가 필요한 것이다. 목적어는 동사 다음인 세 번째 자리에 넣어준다. 여기서는 배우는 것을 시작했기 때문에 to learn(배우는 것, learn(배우다)에 앞에 to를 붙이면 배우는 것이 된다. 이후에 to부정사에서 좀 더 알아보자)을 넣어준다. 그러면 "I started to learn English"라는 문장이 완성이 된다.

감정을 나타내는 분사는
어떻게 사용해야 할까

여기에서 풀리지 않는 의문이 드는 학생들이 있을 것이다. '지루하다'라고 말을 할 때 'I am bored'라고 쓰는데, '왜 be동사 뒤에 또 동사를 썼지'라며 이해되지 않을 것이다. '놀랐다'고 할 때도 'I am surprised', '혼란스럽다'라고 할 때도 'I am confused'라고 해서 정말 혼란스럽다.

여기에 쓰이는 bored, surprised, confused를 한 번 보자.

사실 be동사 뒤에 나오는 이 단어들은 동사가 아니다. bored는 bore이라는 동사의 과거분사 형태이다. bore은 '지루하게 만들다'라는 의미를 가지고 있다. surprise도 '놀라움'이라는 명사로도 쓰이지만 동사로는 '놀라게 하다'이며, confuse는 '혼란스럽게 만들다'라는 의미로 쓴다.

이러한 동사를 활용해서 형용사로 만드는 방법이 있으니, 동사 뒤에 ~ing를 붙여 현재분사를 만들거나, 동사의 과거 형태와 비슷한 과거분사를 활용하는 것이다.

현재분사와 과거분사라는 이름 때문에 동사라고 생각하면 큰일난다. 이 녀석들은 형용사로 쓰인다는 사실을 꼭 기억하자. 현재분사는 능동, 진행의 의미로 쓰이고, 과거분사는 수동, 완료의 의미로 쓰인다.

현재분사	능동, 진행의 의미	~ing(동사원형+~ing)
과거분사	수동, 완료의 의미	-ed 또는 불규칙 형태

우리가 늘 공식처럼 암기하는 진행시제와 수동태를 살펴보자. 진행시제는 'be+~ing'로, '~중'이라는 뜻으로 현재분사(~ing)를 쓴다.

예를 들어 '나는 공부하는 중이다'라고 말하고 싶을 때 I studying라고 쓰면 뜻을 명확하게 전달하지 못한다. 이때 '~다'라는 의미를 가진 be동사를 붙여주면, "I am studying(나는 공부하는 중이다)"으로 문장이 완성되는 것이다.

그럼 이제 수동태를 한 번 보자.

내가 쓰는 이 컴퓨터에 'made in Korea(한국에서 만들어진)'라고 쓰여 있다. 나는 여기에 '이 컴퓨터는 한국에서 만들어졌다'라고 말하고 싶다. make는 '만들다'라는 의미를 가지고 있는데, made라는 과거분사 형태를 쓰면 '만들어진'이라는 의미가 된다.

"This computer made in Korea"라고 쓰면 '이 컴퓨터는 한국에서 만들어진'이 된다. 문장을 이렇게 끝낼 수는 없다. '~(이)다'라는 의미를 가진 be동사를 동사 자리인 두 번째 자리에 넣어보자. "This computer is made in Korea(이 컴퓨터는 한국에서 만들어졌다)"라는 문장이 완성이 되는 것이다. 이렇듯 분사는 동사를 활용해서 형용사로 그 쓰임의 폭을 넓힐 수 있다.

사람의 감정을 나타내는 말들은 상황과 사건에 의해 그런 감정이 생기게 된 것이다. 그래서 수동의 의미를 가진 과거분사를 사용하는 것이다.

예를 들어 수업을 듣다가, "아, 지루하다"라고 하고 싶으면 "I am bored"라고 해야 된다. 내가 수업 때문에 지루하게 된 것이기 때문이다. "이 수업 지루하다"라고 말하고 싶으면 "This class is boring"이라고 해야 된다. 이 수업이 나를 지루하게 만들기 때문이다.

"I am surprised"라고 해야 하는 이유도, 내가 놀라게 되는 것이지 내가 놀라게 만드는 것은 아니기 때문이다. "나는 혼란스럽다"를 보면 한국어로는 능동을 써야 할 것 같다. 하지만 혼란스럽게 되는 대상은 나이기 때문에 수동인 과거분사를 써야 한다.

'be동사 뒤에 왜 또 동사가 오지?'라고 의문을 가졌다면, 이제는 완전히 이해됐을 것이다. 동사가 아닌 상태를 나타내는 형용사로서 진행의 의미를 가지는 현재분사와 수동의 의미를 가지는 과거분사가 온 것이라는 사실을 잊지 말자!

동사에 '~ing'를 붙이는 또다른 형태가 있을까

"선생님, 동사에 ~ing 붙이는 것이 현재분사 말고 다른 게 있지 않나요?" 좋은 질문이다. 호기심을 가지고 질문을 할 때 더 많이 배울 수 있기 때문에 나는 질문하는 학생을 좋아한다.

영어는 동사를 가지고 활용하길 좋아한다. 예를 들어 "아침식사를 하는 것은 건강에 좋아요"라는 문장을 말하고 싶을 때 우리는 주어와 동사를 찾는다.

주어는 아침식사가 아니라 '아침식사를 하는 것'이다. '아침식사를 하다'는 영어로 'have breakfast'이다. 그런데 우리는 '아침식사를 하는 것'

으로 만들어야 한다. 이때 동사의 원형에 ~ing를 붙이면 '~하는 것'이라는 명사가 된다. 즉 'having breakfast'는 '아침식사를 하는 것'이다.

그럼 영어를 배우는 것은 어떻게 쓸 수 있을까?

'영어를 배우다'는 'learn English'에서 동사에 ~ing를 붙여 'learning English'가 되어 '영어를 배우는 것'이 된다. 이것을 동사에 ~ing를 붙여 명사가 되었다고 해서 동명사라고 부른다.

여기서 질문이 생긴다.

우리가 자기소개에 가장 많이 쓰는 "My hobby is reading books"에서 reading은 현재분사일까, 동명사일까? 왜냐하면 현재분사도, 동명사도 동사원형에 ~ing를 붙이는 형식은 똑같다. 하지만 현재분사는 형용사로 쓰이고, 동명사는 명사로 쓰여서 역할이 다르다. 또한 들어가는 자리도 다르기 때문에 구분해야 한다.

동명사는 '읽는 것'이라는 명사가 되면서 'my hobby=reading books'로 '읽는 것'이 되어야 한다. 현재분사는 '읽고 있는 중'이라는 진행형이다. 'my hobby'가 'reading books(책을 읽고 있는 중)'이 될 수 없기 때문에 여기서 reading는 동명사이다.

동명사 대신
to부정사를 넣을 수 있을까

"아침식사를 하는 것은 건강에 좋다"라는 문장을 쓸 때 to가 살짝 떠오를 것이다 '아침식사를 하는 것'을 'to have breakfast'라고 쓸 수 있지 않을까? 물론 가능하다.

우리는 이것을 to부정사라고 부른다. 그런데 왜 부정사일까?
그 이유는 품사가 딱히 정해져 있지 않아서, 쓰임에 따라 달라질 수 있기 때문이다. 단어는 태어나면서 자신의 역할, 즉 품사가 정해져 있는데, 이건 좀 특이하다.

to부정사는 다음 세 가지 쓰임이 있다.

첫째, 명사로 쓰이면서 '~하는 것'이라고 해석한다.

To have breakfast(아침식사를 하는 것) is good for health.

둘째, '~할, 하는'이라는 형용사로 쓰인다.

형용사가 명사를 꾸며주는 것처럼 to부정사의 형용사 용법도 water to drink처럼 to drink를 써서 '마실'이라는 뜻으로 앞에 나오는 water(물)를 꾸며주는 것이다. 한국어와 달리 수식하는 말들이 명사 앞에 나오지 않아 당황스러울 수 있다. 영어에서는 주인공을 앞에 세우고 꾸며주는 말을 뒤에 두어 열심히 서포트하도록 만든다.

셋째, 부사로 쓰인다.

우리가 잘 알고 있듯이 '~하기 위해서'를 표현하기 위해서 to부정사를 쓴다. "나는 살기 위해 먹는다"라고 하면 'I eat(나는 먹는다), to live(살기 위해)'라고 목적을 나타내는 의미를 채워주기 위한 부사적 용법으로 사용되는 것이다.

to부정사도 동사를 활용해서 다양한 품사로 사용된다.

동명사가 명사 자리에 들어갈 때 to부정사의 명사적 용법과 겹칠 때가 있다. 하지만 동명사가 목적어 자리에 들어갈 때는 주의해야 한다.

영어에서 목적어를 가지는 품사는 동사와 전치사이다.

하지만 동사 뒤에 마음대로 들어가는 것이 아니다. 동사가 동명사를 취하는 단어인가, to부정사를 취하는가에 따라 결정된다. 즉 동사가 결정하는 것이다. 학생들은 어떨 때 to부정사가 오고, 동명사가 오는지에 대해서 궁금해한다. 그것을 공식으로 만들어 알려줄 수만 있다면 너무 좋을 것 같다. 하지만 이 부분은 우리가 영어를 계속 공부할 때 가장 중요하게 생각하고, 주의 깊게 들여다보아야 할 부분이다.

동사가 나오면 사전을 찾아서 이 동사가 뒤에 to부정사를 목적어로 취하는지, 동명사를 목적어로 취하는지 찾아보고 그때그때 외워야 한다. 학창시절 그리고 영어시험을 준비하면서 늘 외우고 외운 것이 이 부분이다. 뒤에 to부정사를 취하는 동사, 동명사를 취하는 동사! 하지만 뒤돌아서면 잊어버린다.

왜 그럴까? 그 부분은 내가 직접 써보고 입으로 말해보지 않으면 익혀지지 않는 부분이기 때문이다. 문법책이나 인터넷으로 찾으면 많이 나와 있는 부분을 다시 정리하지 않는 이유는, 급한 마음을 내려놓고 동사는 귀하게 보면서 나올 때마다 뒤에 무엇이 나오는지 찾고 연구하는 시간을 반드시 가지길 바라는 마음이니 이해해주길 바란다.

그럼 다시 본론으로 돌아가서 뒤에 목적어를 취하는 것은 타동사와 전치사 두 개가 있다.

"나는 영어 공부하고 싶다"라는 문장을 보자.

'I want(나는 원한다)'에서 '영어 공부하는 것을'의 목적을 넣어야 하는데, want는 뒤에 to부정사를 취하는 동사이다. 그래서 'to study English'라고 써야 한다.

"나는 영어 공부하는 것을 끝냈어"라고 말해보자.

I finished(나는 끝냈다)에 '영어 공부하는 것을'을 넣어야 하는데, finish는 동명사를 취하는 동사이기 때문에 studying English를 써야 한다.

동사를 만날 때는 사전을 꼭 들여다보는 것이 좋다. 왜냐하면 우리가 영어를 공부하는 동안 계속해서 우리를 따라다닐 중요한 아이들이기 때문이다.

그럼 전치사 뒤에는 어떨까?

"나는 매일 영어 공부하는 것에 익숙하다." 이 문장을 보자. 'I get used to(나는 익숙하다)'에 '영어 공부하는 것을' 넣을 때 여기에 'to study English'와 'studying English' 둘 중에 무엇을 써야 할까?

'to'는 to부정사를 만들 때 동사 앞에 쓰일 뿐만 아니라, 명사 앞에서 쓰이는 전치사 to도 있다. 이 문장에서는 전치사 to가 쓰이고 있다. 전치사 to는 명사 앞에 쓰이기 때문에 study에 ~ing를 붙여 동명사로 만들어준다. to부정사를 쓰면 to가 겹치기 때문에 동명사를 쓰는 것이다. 그래서 "I get used to studying English everyday"라고 하는 것이 맞다.

영어 문장은
어떻게 나눌 수 있을까

영어는 주어를 1번 자리에 넣어주고, 그다음 2번 자리에 동사를 채워넣고 나면 그 뒤는 동사에게 따라 달라진다. 한국어 그대로 생각해서 영어로 옮기는 것보다 다음과 같은 질문을 스스로에게 하면서 문장을 완성해나가는 것이 좋다.

- 첫 번째 자리는 뭐가 들어갈까?
- 두 번째 자리 동사는 어디 있나?
- 이 동사 다음에 와야 하는 목적어는 무엇이지?
- 주어를 꾸며주는 말은 무엇일까?

이렇게 영어 문장의 구조를 이해하고 있으면 스스로 질문하고 답하면서 영어 문장을 만들어 말하고 쓸 수 있다. 영어 5문형은 문법책에서 너무나 많이 봐서 대부분의 학생이 배운 적이 있다고 얘기한다. 하지만 중요한 것은 왜 이렇게 나뉘는 이유를 이해해야만 내 것으로 만들 수가 있다. 앞에서 설명한 것처럼 동사는 크게 의미를 가지는 일반동사와 연결고리로 쓰이는 be동사로 나뉜다.

be동사는 의미가 불충분해서 뒤에 설명해주는 말이 필요하다. 그래서 보어(보충 설명해주는 단어)가 꼭 필요한 것이다.

be동사는 보충 설명해주는 말이 필요하다
: 2형식 문장(주어+동사+보어)

"너는 빛이다." 이 문장을 영어로 바꿔보자. 주어(1)는 '너는', 동사(2)는 '이다', '너는'을 설명해주는 보어(3)는 '빛'이다. 그 자리에 맞게 영어 단어를 넣어주면 된다.

1(주어)	2(동사)	3(보어)
너는	이다	빛
You	are	the light

"나무는 초록색이다." 이 문장도 영어로 바꿔보자. 먼저 주어는 '나무',

동사는 '이다', 상태를 나타내는 형용사는 '초록색'이다.

1(주어)	2(동사)	3(보어)
나무는	이다	초록색
The tree	is	green

이러한 문형을 2형식이라 부른다.

앞에서 계속 강조한 be동사가 바로 2형식을 이끄는 동사이다. 첫번째 문장에서는 'You=the light'로 주어인 '당신'을 설명해주는 단어로 '빛'이라는 명사가 쓰였다.

두번째 문장에서는 'The tree'의 상태를 설명해주는 '초록색'이라는 형용사가 쓰였다. 이렇게 2형식에서는 be동사 다음에 주어를 설명해주는 명사와 형용사가 들어가는 보어가 3번 자리에 있다.

그럼 다른 문장 형식에 대해서도 살펴보자.

일반동사는 크게 동사의 대상인 목적어를 가지는 타동사와 동사의 대상이 필요 없는 자동사로 나눌 수가 있다.

자동사는 동사의 대상이 필요 없다 : 1형식 문장(주어+동사)

"두려움이 사라졌다." 이 문장을 영어로 바꿔보자. 두려움은 'fear', 사라지다는 'disappear'이다.

1(주어)	2(동사)
두려움	사라졌다
Fear	disappeared

"Fear disappeared." 자동사 뒤에는 목적어가 없어도 문장이 된다. 이렇게 간단한 문장을 1형식이라고 한다.

타동사는 동사의 행위 대상인 목적어가 필요하다

동사의 대상이 필요한 타동사는 3번째 자리에 동사의 행위 대상인 목적어가 필요하다.

⇨ **3형식 문장 : 주어(1)+동사(2)+목적어(3)**

"나는 새로운 언어를 배운다." 이 문장에서 주어(1)는 '나는', 동사(2)는 '배운다', 목적어(3)는 '새로운 언어를'이다. 형식에 맞게 대입해보자.

1(주어)	2(동사)	3(목적어)
나는	배운다	새로운 언어를
I	learn	a new language

이렇게 I learn a new language가 된다.

➡ **4형식 문장 : 주어(1)+동사(2)+목적어(3)+목적어(4)**

그럼, 4형식 문장을 살펴보자.

"나는 학생들에게 영어를 가르친다." 이 문장에서 '가르치다'라는 동사는 누구를 가르치는 것인지 대상이 필요하다. 여기서 가르치는 대상은 '학생'이다. 하지만 이것만으로는 불명확하다.

어떤 것을 가르치는 것인지가 드러나야 한다. 언어는 소통이 원칙이다. 소통을 원활하게 하기 위해서는 어떤 것을 가르치는지에 대해서도 얘기해야 한다. 그래서 이 문장에서는 4번째 자리에 목적어가 하나가 더 필요하게 된다.

1(주어)	2(동사)	3(목적어)	4(목적어)
나는	가르친다	학생들에게	영어를
I	teach	students	English

이렇게 두 개의 목적어를 취하는 4형식 동사의 대표적인 단어는

give(주다)이다. "나는 그에게 나의 온 마음을 주었다"라는 문장을 쓰고 싶다. 첫 번째 주어 자리는 '나는'을 넣고, 두 번째 동사 자리는 '주다'를 넣는다. 세 번째 주는 대상이 누구인가, 누구에게 주었는지가 정말 궁금할 것이다. 그래서 '그에게'라는 목적어를 쓰고, 무엇을 주었는지는 두 번째 목적어로 4번째 자리에 쓰는 것이다.

1(주어)	2(동사)	3(목적어)	4(목적어)
나는	주었다	그에게	온마음을
I	gave	him	all my heart

여기서 많이 하는 질문이 있다.

3번째 자리에 '학생들에게' 또는 '그에게'라는 단어를 보면 '~에게'가 붙기 때문에 to를 넣어야 하지 않느냐고 질문하는 학생들이 많다. to가 붙으면 전치사구가 되어 수식하고 꾸며주는 역할을 한다. 그래서 문장의 형식을 결정하는 데 영향을 끼치지 못한다.

'to students'라고 썼다면 'I teach English to students'가 되는데, to students를 괄호로 묶어 수식어구로 구분하면 teach(타동사) 뒤에 English(목적어)가 들어가는 3형식 문형이 된다. 마찬가지로 "I gave all my heart to him"에서도 to him은 전치사+명사로 수식어구의 표시로 괄호로 살짝 묶어주면 이 문장은 I(주어) gave(동사) all my heart(목적어)로 3형식 문장이 된다.

4형식 문장에서는 비록 목적어 자리에 '~에게'라고 온다고 해도 전치사 없이 명사만 넣어야 한다는 사실을 잊지 말기를 바란다.

그런데 예를 들어 "아버지는 찾는 모든 사람에게 좋은 선물을 준다"라는 문장을 영어로 옮겨보자. 1번 자리 주어는 father(아버지), 2번 자리 동사는 gives(주신다), '찾는 모든 사람에게'라는 부분이 목적격 보어 everyone who seeks, 목적어는 great gifts(좋은 선물)이다.

1(주어)	2(동사)	3(목적어)	4(목적어)
아버지는	주신다	찾는 모든 사람에게	큰 선물을
Father	gives	everyone who seeks	great gifts

하지만 이 문장처럼 목적어가 너무 길 때 의미가 명확히 전달되지 않을 수도 있다. 이럴 때는 'everyone who seeks'라는 목적어에 to를 붙여서 뒤로 보내면 의미 전달이 좀 더 확실해진다.

1(주어)	2(동사)	3(목적어)	5(전치사+명사)
아버지는	주신다	큰 선물을	찾는 모든 사람에게
Father	gives	great gifts	to everyone who seeks

▷ **5형식 문장 : 주어(1)+동사(2)+목적어(3)+목적격 보어(4)**

마지막으로 5형식은 한국인들이 많이 힘들어 하는 문형 중 하나이다. 예를 들어 "나는 네가 거기에 왔으면 좋겠어"라는 문장을 영어로 쓴다고 생각해보자.

먼저 1번 자리 주어는 '나는', 2번 자리 동사는 '~하면 좋겠어'라는 것은 주어가 원하는 마음이다. 그래서 '원하다'라는 단어 want를 쓴다. 그러나 대부분의 학생들이 또다시 주어 you(네가), 동사 come(오다)이라는 형식으로 많이 쓴다. 즉 "I want that you will come there"로 쓸 것이다.

하지만 여기에서 want라는 동사가 5형식 문장에 주로 쓰이는 동사라는 것을 알고 있다면, 3번 자리에 목적어 you를 넣고, 4번째 자리에 목적어 you의 행위나 상태를 설명해주는 목적격 보어를 넣어주면 된다.

앞에서 2형식에 be동사가 의미가 불충분해서 보충 설명하는 말, 즉 보어가 필요하다고 했다. 5형식에서도 마찬가지로 목적어의 행위를 설명해야만 소통이 가능하기 때문에 목적어를 보충 설명해주는 보어가 필요하다. 그래서 "거기에 왔으면 좋겠다"를 좀 더 깊이 생각해보면 "와서 있었으면 좋겠다"라는 의미를 전달하기 위해 be동사를 쓰면 존재의 의미가 잘 표현될 수 있다. want라는 동사는 목적격 보어 자리에 to+동사원형을 쓰기 때문에 4번 자리에 to be를 쓴다(정말 동사가 Key가 된다고 느껴지지 않는가).

1(주어)	2(동사)	3(목적어)	4(목적격 보어)
나는	원한다	네가	거기에 와 있기를
I	want	you	to be there

다른 예를 하나만 더 들어보자.

"너의 오른손이 하는 것을 왼손이 모르게 하라"는 문장을 영어로 옮겨보자. 먼저 1번 자리 주어를 찾아야 한다. 그런데 이 문장은 '~하라'는 명령문이다. 명령하는 문장은 따로 주어를 쓰지 않는다. 왜냐하면 명령이란 '너 또는 너희들'이라는 2인칭에게 하는 것이 명백하기 때문에 you라는 주어를 쓰지 않고 바로 동사원형으로 시작한다.

영어 문장에서 1번 자리가 빠지는 아주 예외적인 상황이다. 그래서 동사를 바로 쓰는데 '모르게 하라'는 것은, 즉 '알게 하지 마라'고 전달할 수 있다. '~하게 하다'라는 단어는 'let'이라는 동사를 쓴다. 여기서는 '~하게 하지 마라'이기 때문에 'do not'을 동사 앞에 붙여주면 부정의 의미를 전달할 수 있다.

'let'이라는 동사는 목적어 다음 목적격 보어 자리에 원형부정사가 오는데, 4번째 목적격 보어 자리에 to를 생략하는 동사원형만을 쓴다는 것이다. 그래서 '알다'라는 know를 4번 자리에 쓰는 것이다.

그런데 '알다'라는 것은 무엇을 아는지 뒤에 대상을 써야 하기 때문에 '너의 오른손이 하고 있는 것이다'라는 'what your right hand is doing'을 붙여서 의미를 전달해준다.

1(주어)	2(동사)	3(목적어)	4(목적격 보어)
생략(명령문)	~하게 하지 마라	너의 왼손이	알다, 너의 오른손이 하고 있는 것을
	Do not let	your left hand	know what your right hand is doing

놀랍게도 이 다섯 가지 문장 형식이 영어의 문장 형식을 모두 결정짓는다. 그런데 영어는 왜 그렇게 복잡하고 길고 어려운 것일까? 그것은 문장을 수식해주는 말들이 다양하고, 주절 외에 의미를 더 설명하고 보충해주는 종속절이라는 것들이 붙기 때문에 길고 어려워 보이는 것이다.

하지만 영어를 공부하는 가장 기본이 되는 기초 공사는 문장의 기본 구조를 이해하는 것이다. 그리고 그 구조는 다름 아닌 동사에 의해 결정된다는 것을 이해하면서 내 머릿속에 폴더를 만들어놓자. 영어 문장을 만들 때 스스로에게 묻고 대답하면서 이런 프로세스가 자동적으로 되도록 많은 연습을 해보자.

- 1번 자리 주어는 무엇이지?
- 3번 자리가 목적어가 필요한가? 필요 없다면 자동사로 1형식이구나.
- 3번 자리에 보어가 필요하다면 2형식이구나.
- 3번 자리에 목적어가 필요하면 3형식이다.
- 4번 자리에 목적어가 하나 더 필요하면 4형식이다.
- 4번 자리에 목적어를 설명해주는 목적격 보어가 필요하면 5형식이구나.

수식해주는
말들은 어떻게 붙일까

가장 많이 쓰이는 수식어구는 전치사를 사용한 구문이다. 전치사는 'pre(앞에)+position(위치하다)'으로 이름 자체가 앞에 쓰이는 말이라는 뜻을 가지고 있다. 즉 뒤에 반드시 명사와 같이 '전치사+명사'로 쓰여야 한다.

먼저 1형식 문장인 "두려움이 사라졌다"에서 '흔적도 없이'라는 수식어를 붙여보자. 한국어로는 "두려움이 흔적도 없이 사라졌다"로 수식어가 수식하는 말 뒤에 오지만, 영어는 자리를 지켜서 넣으면 된다.

여기에서 '흔적도 없이'라는 것은 'without(~없이)+a trace(흔적)'이다. 이것을 수식어 자리 5번 자리에 넣어준다.

1(주어)	2(동사)	5(수식어구)
두려움이	사라졌다	흔적도 없이
Fear	disappeared	without a trace

2형식 문장인 "너는 빛이다"에서 '세상의 빛'이라는 수식어를 넣어보자.

1(주어)	2(동사)	3(보어)	5(수식어구)
너는	이다	빛	세상의
You	are	the lihgt	of the world

3형식 문장인 "나는 새로운 언어를 배운다"라는 문장에서 '나의 딸에게서'라는 수식어구를 붙여보자.

1(주어)	2(동사)	3(목적어)	5(수식어구)
나는	배운다	새로운 언어를	나의 딸에게서
I	learn	a new language	from my daughter

4형식 문장인 "나는 내 온 마음을 그에게 주었다"라는 문장에 '오래 전에(부사구)'라는 수식어를 넣어보자. 수식어로 자주 쓰이는 부사 'adverb는 ad(더하다)+verb(동사)'로 동사의 의미를 더해준다는 의미를 가지고 있다. 동사를 수식해줄 뿐만 아니라 문장 전체나 형용사를 수식하는 등 역할이 아주 다양한 어구이다.

1(주어)	2(동사)	3(목적어)	4(목적어)	5(수식어구)
나는	주었다	그에게	내 온 마음을	오래전에
I	gave	him	all my heart	long time ago

5형식 문장 "나는 네가 거기 와 있기를 바란다"에서 '나를 위해서'라는 수식어구를 붙여보자.

1(주어)	2(동사)	3(목적어)	4(목적격 보어)	5(수식어구)
나는	원한다	네가	거기에 와 있기를	나를 위해서
I	want	you	to be there	for me

이렇게 영어는 어디에 무슨 단어가 들어갈지 예측이 되는 언어의 구조를 가지고 있다. 즉 영어의 구조를 알고 있으면 영어가 이해되고, 쓰고 말하는 것이 가능해지는 것이다. 그래서 우리가 가장 먼저 알아야 하는 것이 영어의 구조를 이해하는 것이다.

영어로 질문하기

언어의 가장 본질적인 목적은 소통이다. 내가 생각하는 것을 다른 사람들에게 전달하고 다른 사람들의 말이나 글에서 생각을 읽고 소통하는 것이 언어의 가장 중요한 임무이다.

우리가 시험을 볼 때 평가하는 기준이 무엇인가? 주로 독해(reading comprehension)와 듣기(listening comprehension)를 평가한다. 읽고 들은 내용에 대해 질문을 하고, 그 질문에 적절한 대답을 찾아가는 과정을 살펴보는 것이 평가이다.

질문과 대답은 시험과 평가를 위해서만 필요한 것은 아니다. 우리가 좋은 질문과 대답을 만들어내는 것 또는 찾아내는 것은 너무나도 중요한 일이다.

우리는 항상 수동적으로 영어를 대해 왔다. 시험 문제에 대답을 찾아왔고, 누군가의 질문에 대답하는 것에만 초점을 맞춰왔다. 이런 수동적인 자세는 우리에게 큰 흥미를 유발시킬 수 없다. 이제는 영어에 대한 자세를 바꿀 필요가 있다. 능동적으로 호기심을 가지고 질문을 만들고 스스로에게 질문을 던지는 일부터 시작해보자.

질문을 하기 위해서는 상대방의 의견을 잘 듣고 이해해야 한다. 정말 관심을 가지고 상대를 잘 관찰하지 않으면 좋은 질문을 하기는 어렵다. 물론 질문을 만들고 던진다는 것은 쉽지 않은 일이다.

질문을 많이 하지 않는 우리의 문화로 인해 습관을 바꾸기가 쉽지 않으며, 상대방에게 질문을 던지는 데도 큰 용기가 필요하다. 하지만 그런 태도의 변화 없이 수동적으로 영어 공부를 계속 한다면 지금의 쳇바퀴를 벗어나지 못할 것이다.

자, 그럼 이제부터 영어로 질문을 같이 해보자.

의문문을 들어봤지만 만들어보지는 못해 낯설 것이다. 걱정하지 마라. 나만 그런 것이 아니라 대부분의 사람이 그렇게 생각하고 있다.

의문문을 만드는 방법에 대해 하나씩 살펴보도록 하자. 영어에서 의문문을 만들 때에도 영어 문장의 구조를 나눌 때처럼 동사를 잘 살펴봐야 한다. 먼저 의문사 없이 의문문을 만드는 방법을 이야기해보자. 이때 동사가 be동사와 일반동사에 따라 만드는 방법이 달라진다.

의문문 만드는 법 1. 의문사 없이 be동사로 의문문 만들기

be동사의 의문문은 1번 주어와 2번 동사의 자리를 바꿔주면 된다. 예문을 통해 의문문을 만들어보자.

"You are the light of the world(당신은 세상의 빛이다)." 이 문장을 의문문으로 만들어보자.

	1(주어)	2(be동사)	3(보어)	5(수식어구)
	You	are	the lihgt	of the world
⇨	2(be동사)	1(주어)	3(보어)	5(수식어구)
	Are	you	the light	of the world?

"자유는 옳은 것을 위해 싸우는 권리입니다." 이 문장을 "자유는 옳은 것을 위해 싸우는 권리입니까?"라는 의문문으로 만들어보자.

	1(주어)	2(be동사)	3(보어)	5(수식어구/to부정사)	5(수식어구)
	Freedom	is	the right	to fight	for the right things
⇨	2(be동사)	1(주어)	3(보어)	5(수식어구/to부정사)	5(수식어구)
	Is	freedom	the right	to fight	for the right things?

의문문 만드는 법 2. 일반동사

일반동사를 의문문으로 만드는 데는 조동사 do가 필요하다. 일반동사는 의미를 담고 있지만, 조동사 do는 의미가 없이 기능만 가지고 있다. 의문문을 만드는 기능이나 문법적인 다른 기능은 do를 통해 표현한다.

시제가 과거이면 did를 써주고, 현재시제일 때나 주어가 3인칭 단수이면 does를 써준다. 문법적 기능은 do가 모두 담당했기 때문에 동사는 원형으로 써주고 의미만을 전달해주는 것이다.

"두려움이 흔적도 없이 사라졌다." 이 문장을 "두려움이 흔적도 없이 사라졌습니까?"라는 의문문으로 바꿔보자.

	1(주어)	2(일반동사)	5(수식어구)
	Fear	disappeared	without a trace
조동사 do(과거시제)	1(주어)	2(동사원형)	5(수식어구)
Did	fear	disappear	without a trace?

"I learn a new language from my daughter(나는 나의 딸에게서 새로운 언어를 배운다)." 이 문장을 "당신은 당신의 딸에게서 새로운 언어를 배우십니까?"라는 의문문으로 바꿔보자.

	1(주어)	2(타동사)	3(목적어)	5(수식어구)
	I	learn	a new language	from my daughter
조동사 do	1(주어)	2(동사)	3(목적어)	5(수식어구)
Do	you	learn	a new language	from your dauhter?

여기에서는 상대에게 물어보는 것이므로 I를 you로, my(나의)는 your(너의)로 바꿔서 질문을 만들었다.

"나는 그에게 오래 전에 나의 온 마음을 주었다." 이 문장을 "당신은 그에게 오래 전에 온 마음을 주었습니까?"라는 의문문으로 바꿔보자.

	1(주어)	2(동사, 과거시제)	3(목적어)	4(목적어)	5(수식어구)
	I	gave	him	all my heart	long time ago
조동사 do (과거시제)	1(주어)	2(동사)	3(목적어)	4(목적어)	5(수식어구)
Did	you	give	him	all your heart	long time ago?

여기서도 이러한 대답이 나오도록 I를 you로, my(나의)는 your(너의)로 바꿔 질문한다.

"나는 네가 나를 위해서 거기에 와 있기를 바란다." 이 문장을 "너는 너를 위해 내가 거기 와주길 바라니?"라는 의문문으로 바꿔보자.

	1(주어)	2(동사)	3(목적어)	4(목적격 보어)	5(수식어구)
	I	want	you	to be there	for me
조동사	1(주어)	2(동사)	3(목적어)	4(목적격 보어)	5(수식어구)
Do	you	want	me	to be there	for you?

여기서도 이러한 대답이 나오도록 I를 you로, you(너를)는 me(나를)로 바꿔 질문한다.

의문문 만드는 법 3. 의문사 있는 의문문

이제 의문사를 넣은 의문문을 만들어보자. 앞서 공부한 의문사가 없는 의문문 앞에 의문사만 붙이면 된다. 의문 대상은 빠지고 의문사가 맨 앞에 들어가는 형식이다.

의문사는 who(누가), when(언제), where(어디서), what(무엇을), how(어떻게), why(왜), whom(누구를), whose(누구의), which(어떤 것)이 쓰인다.

⇨ **의문사+be 동사+주어~?**

누군가가 "나는 한국에서 왔어"라고 이야기했다. 그런데 그가 어디서 왔는지 물어보고 싶다. 이럴 때는 의문사 where를 사용하여 만들 수 있다.

	1(주어)	2(be동사)	5(수식어구, 전치사+명사)
	I	am	from Korea
의문사	2(be동사)	1(주어)	5(전치사)
Where	are	you	from?

'어디서'라는 의미의 의문사 'where'를 문장 맨 앞으로 보낸다. 그리고 be동사와 주어는 자리를 바꾼다. "Where are you from(어디에서 왔습니까)?"라는 질문을 받으면 "I am from Korea"라고 답하면 된다.

⇨ **의문사+조동사(do)+주어+동사원형~?**

이번에는 동사가 일반동사이다. 의문문을 만들어주는 기능을 하는 do를 가져와서 쓰는 것은 앞에서 연습해보았다.

맨 앞에 의문사만 붙이면 된다.

"I learn a new language from my daughter(나는 나의 딸에게서 새로운 언어를 배운다)."

- 의문사가 없는 의문문 : Do you learn a new language from your daughter(당신은 당신의 딸에게서 새로운 언어를 배우나요)?
- 의문사가 있는 의문문 : What do you learn from your daughter(당신은 당신의 딸에게서 무엇을 배우나요)?

이 문장을 다시 한 번 보자. 당신은 딸에게서 무엇을 배우는지 물어보는 문장으로 만들어보자. 이때는 '무엇'이라는 의미를 가진 의문사 'what'을 사용한다.

	의문사	조동사 do	1(주어)	2(동사원형)	3(목적어)	5(수식어구)
			I	learn	a new language	from my daughter
⇨	What	do	you	learn		from your daughter?

"What do you learn from your daughter?"에 대한 대답은 'a new language' 대신 다른 답을 넣어도 된다.

"I gave him all my heart long time ago(나는 오래 전에 나의 온 마음을 그에게 주었다)." 이 문장을 의문사 When을 써서 의문문으로 만들어보자. "언제 그에게 너의 온 마음을 주었나?"라는 의미가 될 것이다.

- 의문사가 없는 의문문 : Did you give him all your heart long time ago(당신은 오래전에 그에게 당신의 마음을 다 주었나요)?
- 의문사가 있는 의문문 : When did you give him all your heart(당신은 언제 그에게 당신의 온 마음을 주었나요)?

	1(주어)	2(동사)	3(목적어)	4(목적어)	5(수식어구)
	I	gave	him	all my heart	long time ago
의문사	조동사 do	1(주어)	2(동사원형)	3(목적어)	4(목적어)
When	did	you	give	him	all your heart?

"I want you to be there for me(나는 네가 나를 위해서 그곳에 있으면 좋겠어)." 이 문장은 what을 넣어서 "너를 위해서 내가 무엇을 하길 원하니?"라고 물어보는 의문문을 만들어보자.

- 의문사가 없는 의문문 : Do you want me to be there for you(당신은 내가 당신을 위해 거기에 가기를 원하나요)?
- 의문사가 있는 의문문 : What do you want me to do for you(당신은 내가 당신을 위해 무엇을 하기를 원하나요)?

	1(주어)	2(동사)	3(목적어)	4(목적격 보어)	5(수식어구)
	I	want	you	to be there	for me
의문사	조동사 do	1(주어)	2(동사원형)	3(목적어)	4(목적격 보어)	5(수식어구)
What	do	you	want	me	to do	for you?

그런데 의문사가 문장에서 주어의 역할을 할 때는 달라진다. 1번 자리의 주어 대신 의문사가 들어가기 때문에 주어와 동사의 위치가 바뀔 필요가 없는 것이다. 일반동사의 경우에는 조동사 do를 가져와서 쓸 필요도 없다.

⇨ **의문사가 주어인 경우**

"You are the light of the world(당신은 세상의 빛이다)."

이 문장을 "누가 세상의 빛인가요?"라는 의문문을 만들려고 하는데, 이때 '누구'라는 의미인 의문사 'who'를 사용한다. 즉 주어 자리에 you 대신 who를 넣어주는 것이다.

	1(주어)	2(be동사)	3(보어)	5(수식어구)
	You	are	the light	of the world
	의문사	2(be동사)	3(보어)	5(수식어구)
⇨	Who	is	the light	of the world?

* 주어가 3인칭 단수이면 is를 쓴다.

"Fear disappeared without a trace(두려움이 흔적도 없이 사라졌다)."

이 문장을 "무엇이 흔적도 없이 사라졌나?"라는 의미가 되도록 의문사 what을 써서 의문문으로 만들어보자.

1(주어)	2(일반동사)	5(전치사구)
Fear	disappeared	without a trace

⇨

의문사	2(일반동사)	5(전치사구)
What	disappeared	without a trace?

영어, 제대로 활용하는 4단계 프로세스

지금까지 영어의 전반적인 것들을 함께 살펴보았다. 이 책을 읽으면서 영어를 할 수 있다는 자신감이 생기기를 바란다. 그 자신감을 가지고 이제 영어를 활용해보자. 준비가 잘된 사람은 기회가 왔을 때 놓치지 않는다. 그 기회를 잡기 위해 틈나는 대로 영어 공부를 해보자.

이제 '읽기만 해도 영어가 되는 4단계 프로세스'를 소개하려고 한다. 이 프로세스를 따라 공부를 하다 보면 '내가 하고 싶은 말, 내가 생각하는 것'을 영어로 표현할 수가 있다.

우리는 지금까지 수동적으로 영어 문장만을 공부해왔다. 그냥 공부라는 명목하에 줄기차게 암기해왔는데, 정작 내가 영어로 말하고 싶은 상황에서는 그 말들이 튀어나오지 않는다. 내 마음에 담을 만큼 관심이 있는 문장들, 상황들이 아니었기 때문이다.

그런 의미에서 내가 하고 싶은 말이 무엇인지 내 속을 들여다보고 그것을 꺼내어 영어로 어떻게 표현하는지를 익히고 나면 그것은 내 것이 되는 것이다. 그렇게 나의 생각들을 영어로 만나보는 시간을 가져보자.

Step 1. Concept making

나는 지금 카페에서 음악을 들으면서 글을 쓰고 있다. 만약 내가 '"나는 음악을 듣고 있어"라는 말을 하고 싶다면 먼저 동사를 찾아야 한다.

바로 '듣다'라는 동사이다. 그럼 '듣다'를 검색해서 'listen'을 찾아 쓰는 것이 일반적이다. 하지만 영어와 한글은 그렇게 정확하게 일대일 매칭이 잘 안 되는 경우가 많다.

예를 들어 "이 약은 잘 듣는다"라는 문장을 영어로 옮기기 위해 '듣다'를 찾는다면 과연 'listen'을 쓸 수 있을까? 여기서 '듣다'는 '약이 효력이 있다, 약의 효력이 잘 작동한다'라는 의미로 'work'를 써야 한다.

'듣다'라는 단어를 찾으면 'listen'과 'hear'가 나온다. 이럴 때는 두 단어의 의미를 찾아봐야 한다. 둘 다 똑같은 의미라고 생각해서 아무거나 선택해서 사용하면 안 된다. 목표를 멀리 두고 여유 있게 공부하자. 지금 찾아보는 습관이 나중에 활용할 수 있는, 한 단어라도 제대로 알아가는 과정이다. 나 역시도 영영사전 앱을 깔아놓고 수시로 찾아보기를 한다.

영영사전에 'listen'을 검색해보니, 'Give one's attention to a sound' 또는 'make an effort to hear something'으로, 즉 '소리를 듣기 위해 집중하고 노력하다'라는 의미이다.

hear도 한 번 찾아보자. 'Perceive with the ear the sound made by someone or something'으로 '소리를 귀로 인지하다'라는 의미이다. 우리말로 똑같이 '듣다'이지만, 이처럼 두 단어의 뉘앙스는 아주 다르다.

Step 2. Mind map making

마인드맵은 익숙한 용어일 것이다. 마인드맵이란 문자 그대로 '생각의 지도'란 뜻이고, 자신의 생각을 지도로 그리듯 이미지화해 사고력·창의력·기억력을 한 단계 높이는 두뇌 개발 기법이다.

생각이 정리가 되지 않을 때 마인드맵을 이용하면 생각이 체계적으로 정리된다. 영어 학습도 마찬가지이다. 아무리 외우고 공부해도 머릿속에 남지 않는 표현들의 가장 근본적인 문제는 내 머릿속에서 나온 생각이 아니며, 나의 상황과 무관해서 쓸 일이 없다는 것이다.

그러나 어떤 단어와 표현을 공부할 때 그 단어와 연관된 것들, 내 머릿속에서 나온 단어와 표현들로 정리를 하다 보면 그것을 바로 써보고 싶다는 생각이 강하게 든다. 그리고 애정 어린 관심으로 그 표현들을 찾고 암기하면서 사용할 수가 있게 된다.

예를 들어 회사에서 업무상 영어가 필요한 사람이 아이들이 보는 영어 동화로 아무리 열심히 공부해도 흥미를 가지기 힘들며, 외워도 쓸모가 없다는 생각이 드는 것이다.

'listen(듣다)'라는 단어로 마인드맵을 해보자.
"무엇을 듣나?"라고 질문해보면 나의 관심사가 드러난다.
비즈니스 쪽은 고객(customer)이라는 단어가 떠오르고, 학생들은 선생님(teacher)이 떠오를 것이다. 관계중심적인 사람들은 다른 사람의 의견(others' opinions), 애처가는 아내(wife)라는 단어가 떠오르는 등 다양한 의견이 나올 수 있다. 이런 다양성을 무시한 채 책에서 나온 대로 또는 교사가 주는 대로 외우려니 외워지지 않는 것이다.

그런데 여기서 잠깐!
많은 학생이 "단어를 몰라서 이렇게 떠올리지 못해요"라고 얘기한다. 영어 단어를 모두 머릿속에 저장해둔 사람은 거의 없다. 모르는 단어는 사전을 찾아서 그 의미를 확인한 후 마인드맵을 채워 넣으면 된다.

"요리를 한다'고 가정해보자. 여기서 요리의 재료들을 단어로 생각하면 된다. 요리를 하는 데 재료를 직접 만들어내는 사람은 없다. 물론 단어를 많이 외워두면 장을 봐서 냉장고에 넣어둔 것처럼 요리하는 데 시간이 훨씬 단축될 수는 있다.

단어가 부족한 사람은 매번 장을 보러 가야 하니 시간이 좀 걸릴 것이다. 하지만 한 번 요리할 때 재료를 사서 냉장고에 넣어두는 것처럼 우리도 마인드맵을 하나씩 할 때마다 머릿속에 넣어두자.

그럼 앞에서 예를 든 단어 'learn(배우다)'으로도 마인드맵을 해보자.
"무엇을 배우나?" 이 질문을 스스로에게 해보자.
그럼 다양한 답이 나올 것이다. 예를 들어 'new language(새로운 언어), English(영어), love language(사랑의 언어), driving(운전하는 것), 또는 how to drive(운전하는 법)' 등 우리의 관심사는 너무나도 다양하다.

"누구에게서 배우나?"라고 질문한 후 답들을 생각해보자.
boyfriend(남자친구), beautiful teacher(아름다운 선생님), daughter(딸) 등의 답을 할 수 있다.

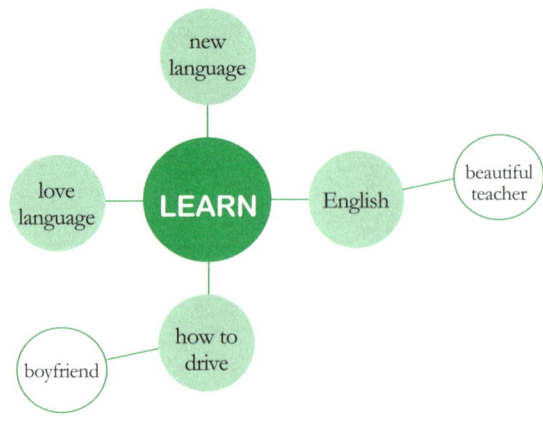

Step 3. Sentence & Question making

이렇게 마인드맵한 단어들과 아이디어를 가지고 나만의 문장을 만들어보자. 문장 만드는 법은 앞에서 공부한 것처럼 프레임에 넣는 것이다. 위의 마인드맵에서 "운전하는 것을 남자친구에게서 배웠다"는 문장을 써보자.

1(주어)	2(동사)	3(목적어)	5(전치사구)
나는	배웠다	운전하는 법을	남자친구에게
I	learned	how to drive	from my boyfriend

이 문장을 '너는 남자친구에게 운전하는 법을 배웠니?'라는 의문문으

로 만들어보자.

조동사 do (과거시제)	1(주어)	2(동사)	3(목적어)	5(수식어구)
	너는	배우다	운전하는 법을	남자친구에게서
Did	you	learn	how to drive	from your boyfriend?

사전을 찾아볼 때 쓰인 문장들을 확인해보는 것도 정말 중요하다. 예를 들어 listen이라는 단어를 찾아서 들어가 보니 이런 문장이 있다.

"He was not listening evidently(그는 확실히 듣고 있지 않았다)." 영어 문장을 처음 만날 때 문장의 프레임으로 분석해본다. 문장 밑에 몇 번 자리인지 숫자를 쓰고 뜻을 써보는 것이다.

1(주어)	2(동사구, 진행시제, be동사+~ing)	5(수식어구)
그는	듣고 있지 않았다	확실히
He	was not listening	evidently

여기에서 동사는 그때 말하는 순간 듣고 있지 않았던 것이기 때문에 진행시제를 써준다. 진행시제는 be동사+~ing(현재분사)라고 설명한 것이 기억날 것이다.

동사는 시제를 표현해주어야 하는데, 과거에 듣고 있지 않았던 것은 be동사의 시제를 과거로 해주면 된다.

왜냐하면 뒤에 나오는 현재분사(~ing)는 품사가 형용사이기 때문에 시제를 적용할 수가 없다. 주어가 He이기 때문에 be동사의 과거시제인 was를 쓰고, 부정 형태는 not을 붙이면 된다.

이 문장도 분석해보자. "She could hear men's voices(그녀는 남자들의 목소리를 들을 수 있었다)."

1(주어)	2(조동사+동사원형)	3(목적어)
그녀는	들을 수 있었다	남자들의 목소리를
She	could hear	men's voices

'듣다'라는 hear을 '들을 수 있다'로 얘기하고 싶을 때 우리는 동사의 의미를 보충해주는 돕는 동사, 즉 조동사를 쓸 수 있다. '할 수 있다'라는 가능성은 can으로 표현할 수 있으며, 과거형인 '그럴 수 있었다'는 could로 표현해줄 수 있다. 조동사를 쓰면 뒤에 동사는 항상 원형을 써야 한다는 사실도 잊지 말자.

이제 주어진 문장으로 질문을 만들어보자.

⇨ be동사로 의문문 만들기

"He wan not listening(그는 듣고 있지 않았다)."

was not listening은 진행시제 be동사+~ing의 동사구이기 때문에 be동사의 의문문으로 적용하면 된다. 동사를 체크해보면 be동사이기 때문에 주어와 be동사 자리를 바꾸기만 하면 된다.

"Wasn't he listening(그는 듣고 있지 않았니)?"

부정의문문은 부정 형태로 질문하는 것이다. '듣고 있었어'가 아니라 '듣고 있지 않았어'라고 물어보는 것이다. be동사에 not을 붙여서 물어보면 된다. was+not을 붙이면 wasn't가 되어 앞으로 나가고, 현재분사 listening이 뒤에 남게 되는 것이다.

"She could hear men's voices(그녀는 남자들의 목소리를 들을 수 있었다)." 이 문장도 분석해보자. could hear(조동사+동사원형)처럼 동사 앞에 could처럼 조동사가 오면 주어와 조동사의 자리만 바꿔주면 된다.

"Could she hear men's voices(그녀는 남자들의 목소리를 들을 수 있었니)?"

예를 하나만 더 들어보자.

"He listened to the radio(그는 라디오를 들었다)."

Listen 뒤에 무엇을 들었는지 대상이 나올 때는 반드시 to전치사를 붙여서 쓴다. "그는 라디오를 들었니?"라는 의문문으로 써보면 "Did he listen to the radio?"가 된다. 일반동사를 의문문으로 만들 때는 조동사 do를 넣는다.

	1(주어)	2(동사)	5(전치사구)
	그는	들었다	라디오를
	He	listened	to the radio
조동사 do(과거시제)	1(주어)	2(동사원형)	5(전치사구)
	그는	듣다	라디오를
Did	he	listen	to the radio?

조동사 do를 써서 의문문을 만들 때 일반동사는 원형을 쓴다.

이렇게 마인드 맵과 사전을 통해 문장들을 만들어보고 질문을 만들어보았다. 영어를 쓸 만반의 준비가 되어가고 있다!

Step 4. Questions & Answers

문장을 만들었으면 이제는 써먹어야 된다. 이때 같이 연습할 사람이 있으면 좋다. 대상을 너무 고르지 말고 가족, 친구 등 주변의 지인들에게 부탁하거나 가장 좋은 방법은 스터디 그룹을 짜는 것이다. 오프라인도 좋고, 온라인으로도 쉽게 스터디를 할 수 있다. Skype나 카카오톡 등 무료전화를 이용하는 학생들도 많다.

목표를 공유하고 함께 갈 수 있는 친구가 있다는 것은 참으로 감사한 일이다. 혹시 주변에 같이 할 사람이 없는 경우에는 어떻게 하면 좋을까? 해결책이 있다. 여러 가지 모습으로 변신이 가능한 '나 자신'이 있지 않은가? 나에게 묻고 내가 답하기를 지속적으로 연습하면 된다. 그것을 '외우기'라고도 하지만, 여기서 차이점은 스스로 역할을 분담시키는 일종의 연기를 하는 것이다.

한때 나는 길을 걸을 때도 나 스스로에게 영어로 묻고 답하기를 수도 없이 했다. 길을 걸을 때도 계속 중얼거려서 사람들에게 의심의 눈초리를 사기도 했지만, 뭐 어떤가! 그런 시선도 잠시면 잊히는 법이다.

그리고 실제 영어연극을 하면서 대본을 숙지하고 외우고 연습한 것이 많은 도움이 되었다. 연극의 대사는 상대를 고려하고 역할 속에 들어가는 것이라서 영어를 완전히 외워서 사용하는 데 큰 도움이 된다. 나만의 연극이라 생각하고 내가 만든 문장들로 질문하고 답하기를 연습해보자.

여기에서 마인드맵의 단계로 다시 올라가서 내가 만든 문장이 답으로 나올 수 있도록 질문을 생각해보자.

I learned how to drive from my boyfriend(나는 남자친구에게 운전하는 법을 배웠다).

- What did you learn from your boyfriend(너는 남자친구에게 무엇을 배웠니)?

- How did you learn how to drive(운전하는 법을 어떻게 배웠니)?

- When did you learn how to drive from your boyfriend(너는 언제 남자친구에게 운전하는 법을 배웠니)?

- Why did you learn how to drive from your boyfriend(너는 왜 남자친구에게 운전하는 법을 배웠니)?

- How long did you learn how to drive from your boyfriend(너는 얼마 동안 남자친구에게 운전하는 법을 배웠니)?

한 문장을 가지고 활용할 수 있는 방법은 매우 다양하다. 이렇게 연습하고 질문하고 대답한 후에 다른 단어를 바꿔 넣으며 다른 문장으로 응용할 수 있다.

그럼 이제부터 18일 동안 매일 연습을 해보도록 하자.

18일, 3주 동안 매일 20분씩 투자한다면 습관으로 몸에 붙을 수가 있다고 하니 영어를 하지 않고는 입에 가시가 나도록 해보자.

Part 3

18일의 법칙
영어로 리셋하라

DAY 1
EAT : 먹다
put food into the mouth
and chew and swallow it

Step 1. Concept

'먹다'는 'put food into the mouth and chew and swallow it'로 '음식을 입에 넣고 씹고 삼키다'란 의미이다. '먹다'라고 할 때 떠오르는 단어는 대부분 'eat'일 것이다. 뜻은 알고 있지만, 이 단어를 말을 배우는 아이들에게 설명해줄 때 어떻게 할 수 있을까?

"eat는 '먹다'라는 의미야. 그냥 외워!"라고 할 것인가? 아니면 "음식을 입에 넣고 씹고 삼키는 거야"라고 설명할 수도 있다. 이렇게 내가 단어를 안다는 것에 다시 의문을 가지고 정말 쉽게 설명해줄 수 있나를 고민해보자. 그리고 영어로 그 의미를 이해하면서 한 번 더 확인하자.

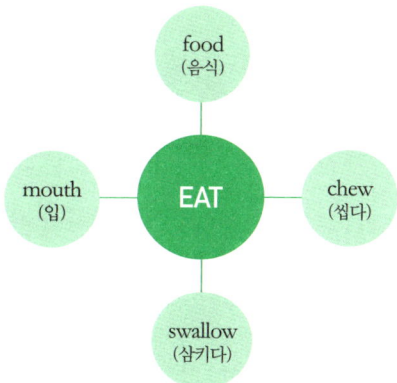

Step 2. Mind map

'먹다'라고 생각할 때 떠오르는 단어들을 또는 잘 쓰는 단어들을 써보자. 갑자기 빈 칸을 채우는 주관식 문제같이 느껴지면서 무엇을 해야 할지 몰라 당황할 수 있다. 하지만 실망하지 않아도 된다. 성인들을 대상으로 마인드맵을 해보라고 하면 다들 같은 반응이며, 당황한 기색이 얼굴에 드러난다.

하지만 내 마음 속에 무엇이 있는지는 내가 물어보고 알아내야 한다. 나 자신에게 질문을 던져보라는 말이다. 생각이 잘 나지 않을 때는 육하원칙에 따른 질문들을 해도 좋다.

무엇을 먹나?
누가 먹나?
어디서 먹나?
어떻게 먹나?
언제 먹나?
왜 먹나?

이런 질문들을 던져서 툭 하고 떠오르는 단어들을 쓰는 것이다.

얼마나 많이 오래해야 하는가 질문들을 해서서 카테고리를 제한하기로 했다. 하지만 쓸 것이 많고 풍부한 분들은 더 많이 해도 좋다. 첫 번째 카테고리에 4개의 단어를 채워넣고, 그 4개에 꼬리를 물고 일어나는 단어를 2개씩만 더 써보자. 그러면 약 12개의 단어가 채워진다.

영어 단어를 모른다고 주저하지 말고 한국말로 먼저 채우고 영어사전에서 찾아보면 된다. 물론 사전을 찾지 않고 내 머릿속에서 다 나오면 너무 좋겠지만, 먼저 욕심을 비우고 하나씩 새로운 단어를 익히는 마음으로 하다 보면 어느새 많은 단어가 내 머릿속에 들어와 있을 것이다. 이런 믿음으로 열심히 좋은 표현들을 모아보자.

다양한 사전과 검색 등을 통해 좋은 표현들을 찾아낼 수 있다. 영영사전, 구글, 위키피디아 등에 관심 키워드를 넣고 표현들을 찾아보자.

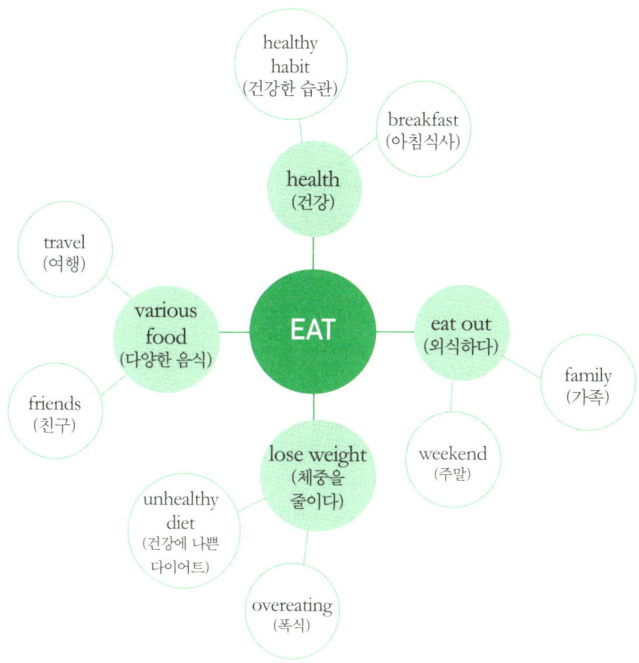

Step 3. Sentence frame

이제 준비된 재료들을 가지고 요리를 시작해보자. 내가 찾은 단어와 표현들을 모아 써보았다. 여러분이 자신의 생각을 표현하기 위해 찾은 표현들은 책에 제시되어 있는 것들과 다른 것도 많을 것이다.

이렇게 우리는 '먹다'라는 단어를 가지고 다른 생각들을 하고 있다. 이제 이 단어와 표현들을 조합해서 문장을 만들어보는 것이다. 앞서 공부한 문장의 프레임에 넣어보자.

다음 문장들을 한국말로 써놓고 문장의 프레임에 넣기 위해 분석을 해볼 필요가 있다. '누가, 무엇이' 해당하는 주어는 1번 자리, 동사는 2번 자리, 목적어나 보어는 3번 자리, 그리고 시간, 때, 장소 등의 수식어구는 5번 자리로 표시하고 각자의 자리에 넣어보자.

1   아침식사를 하는 것은   건강한 습관   이다
           1   3   2

2   우리 가족은   외식하는 것을   좋아한다
           1   3   2

3   나는   여행을 하는 동안   다양한 음식을 먹고   싶다
           1   5   3   2

이 문장을 프레임에 넣어 영작해보자.

1(주어)	2(동사)	3(보어)
아침식사를 하는 것은	이다	건강한 습관
Having breakfast	is	a healthy habit

1(주어)	2(동사)	3(목적어)
우리 가족은	좋아한다	외식하는 것을
My family	likes	to eat out

1(주어)	2(동사)	3(목적어)	5(수식어구)
나는	원한다	다양한 음식을 먹기를	여행하는 동안
I	want	to eat various food	while traveling

Step 4. Questions & Answers

이제 이 문장들을 가지고 질문을 만들어보자. 이 질문들을 다른 사람에게 적용해서 물어보면서 다양한 답변을 얻을 수도 있으며, 스스로에게 질문을 던져서 답변해보는 것도 좋다. 대화는 좋은 질문을 하고, 또 질문에 답을 말하는 것에서 시작한다. 먼저 내가 만든 문장을 그대로 질문으로 만드는 연습을 해보자.

"Having breakfast is a healthy habit."

의문문 만들기 : be동사의 의문문은 주어와 동사의 자리를 바꾼다.

2(be동사)	1(주어)	3(보어)
입니까?	아침식사를 하는 것은	건강한 습관
Is	having breakfast	a healthy habit?

답은 "Yes, it is. It's a healthy habit"으로 하면 된다. 의문사가 없을 경우에는 Yes나 No로 대답한다.

"My family likes to eat out."

의문문 만들기 : like는 일반동사이기 때문에 조동사 do를 쓴다. 여기서는 주어가 3인칭 단수이기 때문에 does를 쓴다.

조동사	1(주어)	2(동사원형)	3(목적어)
	너희 가족은	좋아한다	외식하는 것을
Does	your family	like	to eat out?

답은 "Yes, we do. We like to eat out" 또는 "No, we don't. We don't like to eat out"으로 할 수 있다.

"I want to eat various food while traveling."

의문문 만들기 : want는 일반동사이기 때문에 조동사 do를 쓴다.

조동사	1(주어)	2(동사)	3(목적어)	5(수식어구)
	너는	~하길 원한다	다양한 음식 먹기를	여행하는 동안
Do	you	want	to eat various food	while traveling?

답은 "Yes, I do. I want to eat various food while traveling" 또는 "No, I don't. I don't want to eat various food while traveling"이다.

다음 문장들에 대한 답도 해보자.

"살을 빼기 위한 좋은 습관은 무엇입니까?"

의문사	2(동사)	3(보어)	5(수식어구)
무엇	입니까	건강한 습관은	살을 빼기 위한
What	is	a healthy habit	to lose weight?

답은 "Having breakfast is a healthy habit to lose weight(아침식사를 하는 것은 살을 빼기 위한 건강한 습관이다)."

"당신의 가족은 언제 외식을 하세요?"

의문사	조동사	1(주어)	2(동사)
언제		당신의 가족은	외식을 하세요?
When	does	your family	eat out?

답은 "My famaily eats out every Friday(우리 가족은 매주 금요일에 외식합니다)."

"당신은 언제 다양한 음식을 먹을 수 있습니까?"

의문사	조동사	1(주어)	2(동사)	3(목적어)
언제	할 수 있습니까?	당신은	먹다	다양한 음식을
When	can	you	eat	various food?

답은 "I can eat various food while traveling(나는 여행하는 동안 다양한 음식을 먹을 수 있습니다)."

Step 5. Speak out

Q. What is a good habit to lose weight(몸무게를 줄이는 가장 좋은 습관은 무엇인가요)?
⇨ Having breakfast is a healthy habit to lose weight(아침식사를 먹는 것은 몸무게를 줄이기 위한 가장 건강한 습관입니다).

Q. When does your family eat out(당신의 가족은 언제 외식을 하나요)?
⇨ My family eats out every Friday(우리 가족은 매주 금요일에 외식을 합니다).

Q. When can you eat various food(당신은 언제 다양한 음식을 먹나요)?
⇨ I can eat various food while traveling(나는 여행하는 동안 다양한 음식을 먹습니다).

여기까지 아주 잘 따라온 것이다. 하지만 요리를 해서 혼자 먹는 것은 왠지 김이 빠지는 일이다. 정성을 담아 고생하며 만든 이 요리를 누군가와 함께 나눠 먹는 것만큼 즐거운 일은 없다.

　잘 만든 질문과 대답을 같이 연습할 짝을 찾아보자. 가족이어도 좋고 학급 친구 회사동료여도 좋다. 영어를 잘하는 사람이면 도움이 될 수도 있을 것이다. 하지만 영어를 공부하는 같은 상황에 놓인 짝은 나의 어려움과 힘든 마음을 더 잘 이해할 수 있을 것이다. 서로 격려하고 약간의 경쟁도 하면서 함께하다 보면, 마라톤 경기처럼 긴 코스에서 어느새 한 구간씩 통과하고 있음을 알게 될 것이다.

Useful expressions
- Don't eat between meals(식간에 먹지 마).
- Enjoy dining with your family or friends(너의 친구와 가족과 식사하는 것을 즐겨라).
- Eat slowly(천천히 먹어라).
- A healthy diet or balanced diet eat enough calories(건강하고 균형잡힌 다이어트는 충분한 칼로리를 먹는 것이다).
- Do your emotions really affect your eating(너의 감정이 먹는 것에 영향을 정말 줄까)?
- Eating more slowly can help prevent overeating(더욱 천천히 먹는 것은 과식을 막을 수 있다).
- have a bite(조금만 먹다).
- eat rice as a staple food(쌀을 주식으로 먹다).
- eat out(외식하다).
- eat in(집에서 먹다).
- gobble up food(허겁지겁 먹다).

DAY 2
WORK : 일하다

be engaged in physical or mental activity
in order to achieve a result

Step 1. Concept

'일하다'라고 하면 우리는 회사에서 하는 일만 work를 쓸 수 있다고 생각한다. 하지만 의미를 들여다보면 어떤 결과를 내기 위해 육체적이고 정신적인 활동을 모두 포함한다는 것을 알게 되었다.

Step 2. Mind map

Step 3. Sentence frame

이제 준비된 재료들을 가지고 요리를 시작해보자. 단어들을 조합해서 문장을 만들어보는 것이다. 앞서 공부한 문장의 프레임에 넣어보자.

1	나는	9시에	출근한다
	1	5	2

2	그는	교사로	근무한다
	1	5	2

3	그녀는	생활을 위해	열심히	일한다
	1	5	5	2

이 문장을 프레임에 넣어 영작해보자.

1(주어)	2(동사)	5(수식어구)
나는	출근한다	9시에
I	go to work	at 9 o'clock

1(주어)	2(동사)	5(수식어구)
그는	근무한다	교사로
He	works	as a teachter

1(주어)	2(동사)	5(수식어구)	5(수식어구)
그녀는	일한다	열심히	생활을 위해
She	works	hard	for her living

Step 4. Questions & Answers

이 문장들을 가지고 질문을 만들어보자.

"I go to work a 9 o'clock."

의문문 만들기 : 일반동사를 의문문으로 만들기 위해서는 조동사 do가 필요하다. "너는 9시에 출근하니?"

조동사 do	1(주어)	2(동사)	5(수식어구)
	너는	출근한다	9시에
Do	you	go to work	at 9 o'clock?

"He works as a teacher."

의문문 만들기 : 그는 교사로 일합니까?

조동사 do	1(주어)	2(동사)	5(수식어구)
	그는	일한다	교사로
Does	he	work	as a teacher?

"She works hard for her living."

의문문 만들기 : 그녀는 생활을 위해 일합니까?

조동사 do	1(주어)	2(동사)	5(수식어구)	5(수식어구)
	그녀는	일한다	열심히	생활을 위해
Does	she	work	hard	for her living?

자, 그럼 다음 질문에 대한 답을 해보자.

"그는 어떤 일을 하나요?"

의문사	조동사	1(주어)	2(동사)
무엇	do	그는	하다
What	does	he	do?

답은 "He works as a teacher(그는 교사로 일합니다)."

"당신은 몇 시에 출근하세요?"

의문사	조동사	1(주어)	2(동사)
몇 시	do	당신은	출근하다
What time	do	you	go to work?

답은 "I go to work at 9 o'clock(나는 9시에 출근합니다)."

"그녀는 왜 열심히 일하나요?"

의문사	조동사	1(주어)	2(동사)	5(수식어구)
왜	do	그녀는	일하다	열심히
Why	does	she	work	hard

답은 "She works hard for her living(그녀는 생활을 위해 열심히 일한다)."

Step 5. Speak out

Q. Do you go to work at 9 o'clock(당신은 9시에 출근하나요)?

⇨ Yes, I go to work at 9 o'clock(예, 나는 9시에 출근합니다).

⇨ No, I don't go to work at 9 o'clock. I go to work at 7 o'clock(아니요. 9시에 출근하지 않습니다. 나는 7시에 출근합니다).

Q. Does he work as a teacher(그는 교사로 근무하나요)?

⇨ Yes, he works as a teacher(예, 그는 교사로 일합니다).

⇨ No, he doesn't work as a teacher. He is an engineer(아니오, 그는 교사로 근무하지 않습니다. 그는 엔지니어입니다).

Q. Does she work hard for her living(그녀는 생활을 위해 열심히 일하나요)?

⇨ Yes, she works hard for her living(예, 그녀는 생활을 위해 일합니다).

⇨ No, she doesn't work hard for her living(아니요, 그녀는 생활을 위해 일하지 않습니다).

⇨ She works for her dream(그녀는 꿈을 위해 일합니다).

Q. What does he do(그는 무엇을 하나요)?

⇨ He works as a teacher(그는 교사로 근무한다).

Q. What time do you go to work(당신은 몇 시에 출근하세요)?

⇨ I go to work at 9 o'clock(나는 9시에 출근합니다).

Q. Why does she work hard(왜 그녀는 열심히 일합니까)?

⇨ She works hard for her living(그녀는 생활을 위해 열심히 일합니다).

Useful expressions

- work motivation(작업 동기)
- work satisfaction(일의 만족도)
- work hard(열심히 일하다)
- cooperative work(협업)
- volunteer work(자원봉사)
- part-time work(파트타임 일)
- work together(함께 일하다)
- present your work(당신의 업무를 보여주다)
- work experience(업무 경험)
- work freelance jobs(프리랜스 일을 하다)
- long for the freedom of freelance(프리랜스자유를 열망하다),
- work for money(one's living)(돈(생활)을 위해 일하다)

DAY 3

GIVE : 주다

hand to someone without expecting compensation

Step 1. Concept

'누군가에게 건네주는 것' 또는 '제공하는 것'을 가장 일반적으로는 give라고 쓴다. give는 '누구에게 무엇을 준다'라는 내용이 둘 다 들어가야 문장이 완전해질 수 있다.

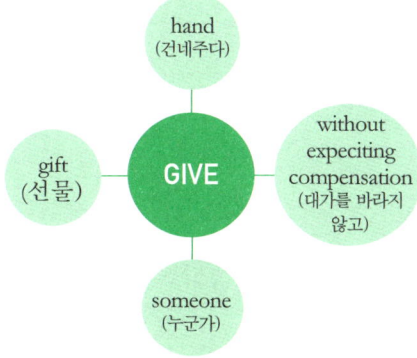

Step 2. Mind map

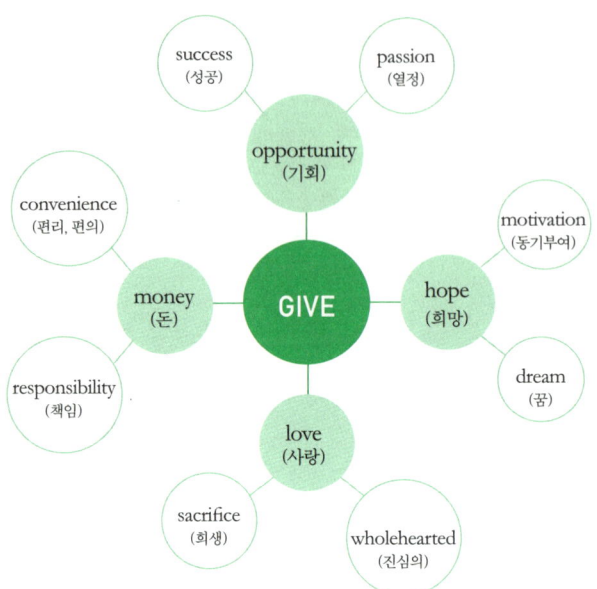

Step 3. Sentence frame

다음 문장들을 한국말로 써놓고 문장의 프레임에 넣기 위해 분석을 해 볼 필요가 있다. '누가, 무엇이'에 해당하는 것은 1번(주어 자리), 동사는 2번, 목적어나 보어는 3번 자리, 그리고 '시간, 때, 장소' 등의 수식어구는 5번 자리로 표시하고 각자의 자리에 넣어보자.

1	나는	희망을 주는	선생님이 되고	싶다
	1	5	3	2

2	진심을 다해 사랑을 주는 것이	중요한	이다
	1	3	2

3	열정이 있는 사람에게는	기회가	주어집니다
	5	1	2

이 문장을 프레임이 넣어서 영작해보자.

1(주어)	2(동사)	3(목적어)	5(수식어구)
나는	원한다	선생님이 되는 것을	희망을 주는
I	want	to be a teacher	to give hope

여기서는 '희망을 주는 선생님'에서 선생님을 꾸며주는 것을 to부정사로 썼다. '희망을 주다'는 give hope이지만 여기에 to를 붙이면 '희망을 주는'이라는 형용사로 쓸 수 있다.

1(주어)	2(동사)	3(보어)
진심을 다한 사랑을 주는 것이	이다	중요한
To give whol hearted love	is	important

주어가 너무 길어지면 소통하는 데 혼돈을 줄 수 있다. 그래서 주어가

길어질 때는 가주어 it을 써주고 실제 주어는 뒤로 빼준다. "It is important to give wholhearted love."

1(주어)	2(동사)	5(수식어구)
기회가	주어진다	열정적인 사람에게
An opportunity	is given	to a passionate person

'기회가 주어진다'에서 '주어지다'는 수동이다. 기회는 본인이 주는 것이 아니라 주어지는 것이기 때문이다. 그래서 be동사+pp(과거분사) 형태인 수동태를 써준다. give의 과거분사 형태가 given이다. 그래서 is given을 쓴다.

Step 4. Questions & Answers

이제 내가 만든 문장들을 가지고 질문을 만들어보자. 이 질문들을 다른 사람에게 적용해서 물어보면서 다양한 답변을 얻을 수도 있으며, 스스로에게 질문하고 답변해볼 수도 있다. 대화를 하기 위해서는 좋은 질문을 할 수 있어야 하며, 또 질문에 답을 할 수 있어야 한다. 먼저 앞의 문장을 그대로 질문으로 만드는 연습을 해보자.

"I want to be a teacher to give hope."

의문문 만들기 : want는 일반동사이므로 조동사 do가 필요하다.

조동사 do	1(주어)	2(동사)	3(목적어)	5(수식어구)
	너는	원한다	선생님이 되는 것을	희망을 주는
Do	you	want	to be a teacher	to give hope?

"It is important to give wholhearted love."

의문문 만들기 : 의문문을 만들 때 be동사가 앞으로 온다. 이 문장은 가주어 It을 앞으로 빼고, 진주어는 뒤로 보냈다.

2(be동사)	1(가주어)	3(보어)	1(진주어)
이다	그것은	중요한	온마음을 다하는 사랑을 주는 것
Is	it	important	to give wholehearted love?

"An opportunity is given to a passionate person."

의문문 만들기 : 'is given'이 동사구이지만 be동사만 앞으로 보낸다.

2(be동사)	1(주어)	2(동사)	5(수식어구)
이다	기회가	주다	열정적인 사람에게
Is	an opportunity	given	to a passionate person

이제 다음 질문을 만들어보고 답도 생각해보자.

"너는 어떤 선생님이 되고 싶니?"

의문사	조동사	1(주어)	2(동사)	3(목적어)
어떤 종류의 선생님	do	너는	원하다	되는 것을
What kind of teacher	do	you	want	to be?

답은 "I want to be a teacher to give hope(나는 희망을 주는 선생님이 되기를 원한다)."

"관계를 형성하는 데 무엇이 중요할까?"

의문사	2(동사)	3(보어)	5(수식어구)
무엇이	이다	중요한	관계를 형성하는 데 있어서
What	is	important	in building a relationship?

이 문장에서는 의문사가 주어이다. "To give wholehearted love is important/It is important to give wholehearted love(전심을 다한 사랑을 주는 것이 중요하다)."

"누가 기회를 가질 수 있을까?"

의문사	2(조동사+동사)	3(목적어)
누가	이다	기회가
Who	can have	an opportunity?

기회를 주어로 대답하면 be동사+과거분사로 수동태 문장이 된다. 답은 "An opportunity is given to a passionate person(열정적인 사람에게 기회가 주어진다)."

Step 5. Speak out

Q : Do you want to be a teacher to give hope(너는 희망을 주는 선생님이 되고 싶어)?
⇨ Yes, I want to be a teacher to give hope(예, 나는 희망을 주는 선생님이 되기를 원합니다).

Q : Is it important to give wholehearted love(진심을 다한 사랑을 주는 게 중요하니)?
⇨ Yes, it is important to give whole hearted love(예, 진심을 다한 사랑을 주는 것이 중요합니다).

Q : Is an opportunity given to a passionate person(기회가 열정적인 사람에게 주어지니)?
⇨ Yes, it is given to a passionate person(예, 기회는 열정적인 사람에게 주어집니다).

Q : What kind of teacher do you want to be(어떤 선생님이 되고 싶니)?

⇨ I want to be a teacher to give hope(나는 희망을 주는 선생님이 되기를 원한다).

Q : What is important in building a relationship(관계를 형성하는 데 무엇이 중요하니)?
⇨ It is important to give whole hearted love(진심을 다하는 사랑이 중요합니다).

Q : Who can have an opportunity(누가 기회를 가질 수 있니)?
⇨ An opportunity is given to a passionate person(열정적인 사람이 기회를 가질 수 있습니다).

Useful expressions

- give for nothing(공짜로 주다)
- give something to eat(먹을 것을 주다)
- give an opportunity(기회를 주다)
- give and take(주고 받기)
- water flowers(꽃에 물을 주다)
- feed(먹이를 주다)
- Pay a monthly salary of 400,000won(월 40만 원을 주다).
- give love(사랑을 주다)
- We make life by what we give(우리는 우리가 주는 것으로 인생을 만든다).
- give to get(얻기)

DAY 4
MAKE : 만들다
to bring into existence,
by shaping or changing material

Step 1. concept

'make(만들다)'는 손으로 만들어내는 것뿐만 아니라 어떠한 것을 존재하도록 하는 행위를 모두 포함해서 make라는 단어를 쓴다.

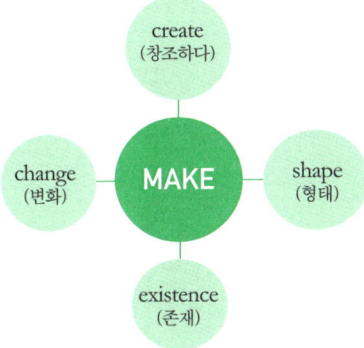

Step 2. mind map

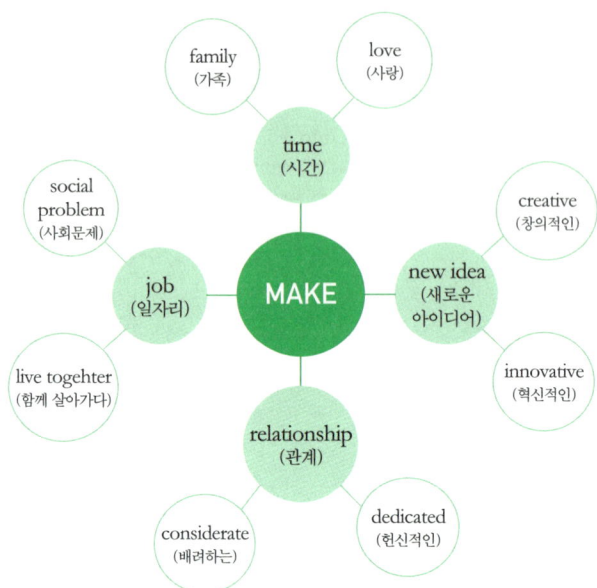

Step 3. Sentence frame

다음 문장들을 한국말로 써놓고 문장의 프레임에 넣기 위해 분석을 해 볼 필요가 있다. '누가, 무엇이'에 해당하는 주어는 1번 자리, 동사는 2번 자리, 목적어나 보어는 3번 자리, 그리고 시간, 때, 장소 등의 수식어구는 5번 자리로 표시하고 각자의 자리에 넣어보자.

1	나는	가족을 위해	시간을	내야 한다
	1	5	3	2

2	나는	새로운 아이디어로	창의적인 것을	만들어냈다
	1	5	3	2

3		돈을 버는 데	쉬운 방법은	없다
		5	1	2

이 문장을 프레임이 넣어서 영작해보자.

1(주어)	2(동사)	3(목적어)	5(수식어구)
나는	내야 한다	시간을	가족을 위해
I	have to make	time	for my family

'시간을 내다'는 make time으로 쓸 수 있다.

하지만 '시간을 내야만 한다'라는 의무의 내용을 강조하고 싶다면 have to 또는 should라는 조동사를 넣어 의미를 보충설명해줄 수 있다.

1(주어)	2(동사)	3(목적어)	5(수식어구)
나는	만들어냈다	창의적인 것을	새로운 아이디어로
I	made	something creative	with a new idea

5(부사)	2(동사)	1(주어)	5(수식어구)
없다	쉬운 방법이	돈을 버는 데
There	is not	an easy way	to make money

There는 원래 '거기에'라는 부사이다. 하지만 'There is(are)~'라는 구문으로 쓰면 '~가 있다'라는 의미로 쓰이며, There 자체의 의미는 사라진다. 중요한 것은 주어가 be동사 뒤에 나온다는 사실이다.

Step 4. Questions & Answers

이제 이 문장들을 가지고 질문을 만들어보자. 이 질문들을 다른 사람에게 물어보면서 다양한 답변을 얻을 수도 있으며, 스스로에게 질문을 던져서 답해보는 것도 좋다. 대화는 좋은 질문을 할 수 있어야 하며, 또 질문에 답을 할 수 있어야 한다.

먼저는 이 문장을 그대로 질문으로 만드는 연습을 해보자.

"I have to make time for my family."

의문문 만들기 : 'havt to(~해야 한다)'라는 조동사는 의문문을 만들 때 조동사 do를 넣어준다. "당신은 가족을 위해 시간을 내야 합니까?"

조동사	1(주어)	2(동사)	3(목적어)	5(수식어구)
Do	당신은	내야 한다	시간을	가족을 위해
Do	you	have to make	time	for your family?

"I made something creative with a new idea."

의문문 만들기 : 동사가 made(만들었다)라는 일반동사의 과거이기 때문에 조동사 did를 쓴다. "당신은 새로운 아이디어로 창의적인 것을 만들었습니까?"

조동사	1(주어)	2(동사)	3(목적어)	5(수식어구)
Do	너는	만들었다	창의적인 것을	새로운 아이디어로
Did	you	make	something creative	with a new idea?

"There is not an easy way to make money."

의문문 만들기 : 'There is~' 구문은 'Is there~'로 두 단어의 자리가 바뀐다. 부정 의문문이기 때문에 'Isn't there'이라고 쓴다. "돈을 버는 데 쉬운 방법은 없습니까?"

2(be동사)	5(부사)	1(주어)	5(수식어구)
없다		쉬운 방법이	돈을 버는 데
Isn't	there	an easy way	to make money?

이 질문에 답을 해보자.

"당신은 가족들을 위해 무엇을 해야 합니까?"

의문사	조동사	1(주어)	2(동사)	5(수식어구)
무엇을		가족들을	해야 하다	가족을 위해
What	do	you	have to do	for your famaily?

답은 "I have to make time for my family(나는 가족들을 위해 시간을 내야 한다)."

"당신은 창의적인 것을 어떻게 만들었습니까?"

의문사	조동사	1(주어)	2(동사)	5(수식어구)
어떻게		너는	만들다	창의적인 것을
How	did	you	make	a creative thing?

답은 "I made something creative with a new idea(나는 새로운 아이디어로 창의적인 것을 만들었다)."

"돈을 버는 쉬운 방법은 무엇입니까?"

의문사	2(동사)	3(보어)	5(수식어구)
무엇	이다	쉬운 방법이	돈을 버는 데
What	is	an easy way	to make money?

답은 "There is not an easy way to make money(돈을 버는 데 쉬운 방법은 없다)."

Step 5. Speak out

Q : Do you have to make time for your family(너는 가족을 위해 시간을 내야만 하니)?

⇨ Yes, I have to make time for my family(응, 나는 가족을 위해 시간을 내야 한다).

⇨ No, I don't have to make time for my family. They are all busy(아니, 나는 가족을 위해 시간을 낼 필요가 없어. 그들 모두 바빠).

* 'don't have to'는 '~할 필요가 없다'라는 의미이다.

Q : Did you make something creative with a new idea(너는 새로운 아이디어로 창의적인 것을 만들었어)?

⇨ Yes, I made something creative with a new idea(응, 나는 새로운 아이

디어로 창의적인 것을 만들었어).

Q : Isn't there an easy way to make money(돈 버는 데 쉬운 방법이 없니)?
⇨ Yes, there is an easy way to make money(응, 돈 버는 쉬운 방법이 있어).
⇨ No, there isn't an easy way to make money(아니, 돈 버는 데 쉬운 방법은 없어).
* 부정으로 물었다. 돈 버는데 쉬운 방법없냐? 우리말은 '응, 없어/아니, 있어'이지만 영어는 yes라면 긍정의 의미로 질문과 상관없이 '있다'이고, no면 부정으로 '없다'라고 연결된다는 사실을 잊지 말자.

Q : What do you have to do for your family(너는 가족을 위해 무엇을 해야 하니)?
⇨ I have to make time for my family(나는 가족을 위해 시간을 내야 한다).

Q : How did you make a creative thing(어떻게 창의적인 것을 만들었어)?
⇨ I made something creative with a new idea(나는 새로운 아이디어로 창의적인 것을 만들었다).

Q : What is an easy way to make money(돈을 버는 쉬운 방법은 무엇이니)?
⇨ There isn't an easy way to make money(돈 버는 쉬운 방법은 없어).

Useful expressions

- make a rule(규칙을 만들다).
- set up a company(회사를 만들다))
- make me happy(나를 행복하게 만든다)
- make it(해내다, 성공하다)
- make time for his family(그의 가족을 위해 시간을 내다)

DAY 5
LISTEN : 듣다
to give attention with the ear

Step 1. Concept

주의를 집중해서 귀를 기울이는 노력이나 행위가 listen이다. hear은 들리는 것을 듣는 것이다. 무엇에 귀를 기울이는지 생각하면서 listen 뒤에 귀를 기울이는 대상이 나올 때에는 to라는 전치사와 같이 써보자.

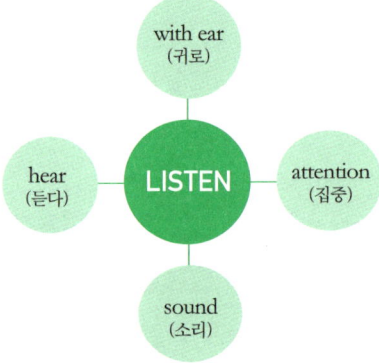

Step 2. Mind map

Step 3. Sentence frame

다음 문장들을 한국말로 써놓고 문장의 프레임에 넣기 위해 분석을 해볼 필요가 있다. '누가, 무엇이'에 해당하는 것은 1번(주어 자리), 동사는 2번, 목적어나 보어는 3번 자리, 그리고 시간과 때, 장소 등의 수식어구는 5번 자리로 표시하고 각자의 자리에 넣어보자.

1	아이들은	부모님의 말씀을	잘 들어야 한다
	1	5	2

2	나의 친구는	내 고민을	잘 들어준다
	1	5	2

3	나는	음악을 들으면서	쉰다
	1	5	2

이 문장을 프레임이 넣어서 영작해보자.

1(주어)	2(동사)	5(수식어구)
아이들은	잘 들어야 한다	부모님의 말씀을
Children	should listen	to their parents

listen은 '듣다'이다. '들어야 한다'는 의무의 내용은 should로 표현할 수 있다.

1(주어)	2(동사)	5(수식어구)
나의 친구는	잘 들어준다	내 고민을
My friend	listens	to my problem

1(주어)	2(동사)	5(수식어구)
나는	쉰다	음악을 들으면서
I	chill out	listening to music

'무엇을 하고 있는 상황'을 표현하고 싶다면 현재분사를 써서 설명을 덧붙일 수 있다. listen은 '듣다'이지만 ~ing를 붙여서 listening이라고 쓰면 '들으면서'라는 의미로 쓸 수 있다.

Step 4. Questions & Answers

이제 이 문장들을 가지고 질문을 만들어보자. 이 질문들을 다른 사람에게 물어보면서 다양한 답변을 얻을 수도 있으며, 스스로에게 질문을 던져서 답해보는 것도 좋다. 대화는 좋은 질문을 할 수 있어야 하며, 또 질문에 답을 할 수 있어야 한다.

"Children should listen to their parents."

의문문 만들기 : 조동사 should의 의문문은 주어와 should의 위치를 바꿔주면 된다. "아이들은 부모님의 말씀을 잘 들어야 하니?"

조동사	1(주어)	2(동사)	5(수식어구)
~해야 한다	아이들은	잘 듣는다	부모님의 말씀을
Should	children	listen	to their parents?

"My friend listens to my problem."

의문문 만들기 : 일반동사를 의문문으로 만들 때는 조동사 do가 필요하

다. "네 친구는 너의 고민을 잘 들어주니?"

조동사	1(주어)	2(동사)	5(수식어구)
	너의 친구는	잘 들어준다	네 고민을
Does	your friend	listen	to your problem?

"I chill out listening to music."

의문문 만들기 : 일반동사를 의문문으로 만들 때는 조동사 do가 필요하다. "너는 음악을 들으면서 쉬니?"

조동사	1(주어)	2(동사)	5(수식어구)
	너는	쉬다	음악을 들으면서
Do	you	chill out	listening to music?

이 질문에 대한 답을 해보자.

"부모님께 순종하기 위해 아이들은 무엇을 해야 하나요?"

의문사	조동사	1(주어)	2(동사)	5(수식어구)
무엇을	해야 한다	아이들은	하다	부모님께 순종하기 위해
What	should	children	do	to obey their parents?

답은 "Childern should listen to their parents(아이들은 부모님의 말씀을 잘 들어야 한다)."

"너는 왜 너의 친구에게 고민을 말하니?"

의문사	조동사	1(주어)	2(동사)	3(간접목적어)	4(직접목적어)
왜		너는	말하다	너의 친구에게	너의 고민을
Why	do	you	tell	your friend	your problem?

답 : My friend listens to my problem(내 친구는 나의 고민을 잘 들어준다).

Step 5. Speak out

Q : Should children listen to their parents(아이들은 부모님 말씀을 잘 들어야 하나요)?

⇨ Yes, they should listen to their parents(예, 그들은 부모님의 말씀을 잘 들어야 합니다).

Q : Does your friend listen to your problem(너의 친구는 네 문제를 잘 들어 주니)?

⇨ Yes, my friend listens to my problem(예, 나의 친구는 나의 고민을 잘

들어줍니다).

Q : Do you chill out listening to music(너는 음악을 들으면서 쉬니)?
⇨ Yes, I chill out listening to music(예, 나는 음악을 들으면서 쉽니다).

Q : What should children do to obey their parents(부모님께 순종하기 위해 아이들은 무엇을 해야 하나요)?
⇨ They should listen to their parents(아이들은 부모님의 말씀을 잘 들어야 한다).

Q : Why do you tell your friend your problem(왜 너는 네 친구에게 네 문제를 이야기하니)?
⇨ I tell my friend my problem because my friend listens to my problem(왜냐하면 내 친구는 나의 문제를 잘 들어주기 때문이다).

Q : How do you chill out(너는 어떻게 쉬니)?
⇨ I chill out listening to music(나는 음악을 들으면서 쉬어).

Useful expressions

- listening skill(듣기 스킬)
- good listener(경청하는 사람)
- hear out(끝까지 듣다)
- be pleasant to the ear(듣기 좋다)
- I have heard a lot about you(당신에 대해 많이 들었어요)
- learn by hearsay(풍문으로 듣다)
- an obedient child(순종적인 아이)
- wouldn't listen to my request(청을 들어주지 않다)
- be all ears(경청하다)
- as I hear tell(내가 듣자하니)

DAY 6
SEE : 보다
perceive with the eyes

Step 1. Concept

see는 주의를 기울이지 않고도 눈으로 지각하는 행위를 말한다. look은 관심을 가지고 보는 느낌이며, watch는 처음부터 끝까지 지켜보는 느낌이다.

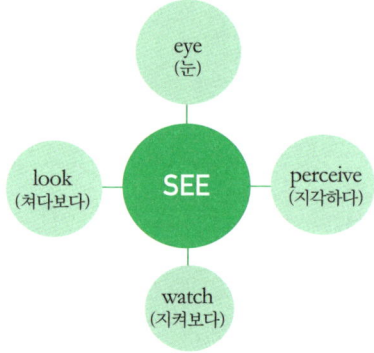

Step 2. Mind map

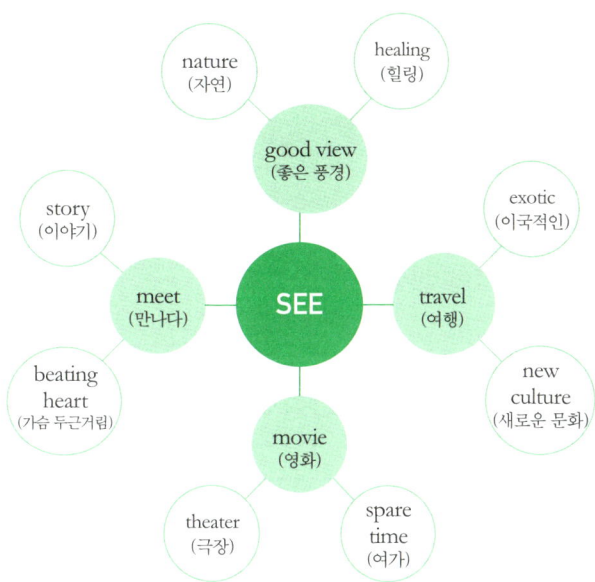

Step 3. Sentence frame

다음 문장들을 한국말로 써놓고 문장의 프레임에 넣기 위해 분석을 해 볼 필요가 있다. '누가, 무엇이'에 해당하는 것에 1번(주어 자리), 동사는 2번, 목적어나 보어는 3번 자리, 그리고 시간과 때, 장소 등의 수식어구는 5번 자리로 표시하고 각자의 자리에 넣어보자.

1	스트레스를 해소하기 위해	나는	좋은 경치를	보러 간다
	5	1	3	2

2	여가시간에	나는	영화를	본다
	5	1	3	2

3	여행중에	이국적인 것을 보는 것은	재미있다
	5	1	2, 3

이 문장을 프레임이 넣어서 영작해보자.

1(주어)	2(동사)	3(목적어)	5(수식어구)
나는	보러 간다	좋은 경치를	스트레스를 해소하기 위해
I	go see	a good view	to relieve stress

1(주어)	2(동사)	3(목적어)	5(수식어구)
나는	본다	영화를	여가시간에
I	see	a movie	in a spare time

1(주어)	2(동사)	3(보어)	5(수식어구)
이국적인 것을 보는 것은	이다	재미있는	여행중에
To see exotic things	is	fun	while traveling

'To see exotic things(이국적인 것을 보는 것은)'처럼 주어만 들어도 길어지니 지친다. 이럴 때는 앞자리를 'It(가주어)'를 쓰고 '어떠한지 설명해 주는 형용사 fun 뒤에 진주어를 옮겨 쓴다.'

가주어	2(동사)	3(보어)	1(진주어)	5(수식어구)
	이다	재미있다	이국적인 것을 보는 것은	여행중에
It	is	fun	to see exotic things	while traveling

Step 4. Questions & Answers

이 문장들을 의문문으로 바꿔보자.

"I go see a good view to relieve stress."

의문문 만들기 : "너는 스트레스를 해소하기 위해 좋은 경치를 보러 가니?"

조동사	1(주어)	2(동사)	3(목적어)	5(수식어구)
	너는	보러 가다	좋은 경치를	스트레스를 해소하기 위해
Do	you	go see	a good view	to relieve stress?

"I see a movie in a spare time."

의문문 만들기 : "너는 여가시간에 영화를 보니?"

조동사	1(주어)	2(동사)	3(목적어)	5(수식어구)
	너는	보다	영화를	여가시간에
Do	you	see	a movie	in a spare time?

"It is fun to see exotic things while traveling."

의문문 만들기 : " 왜 너에게 여행은 그렇게 특별하니?"

의문사	2(동사)	1(주어)	3(보어)	5(수식어구)
왜	이다	여행하는 것은	특별한	너에게
Why	is	traveling	so special	to you?

Step 5. Speak out

Q : Do you go see a good view to relieve stress(너는 스트레스를 해소하기 위해 좋은 경치를 보러 가니)?

⇨ Yes, I go see a good view to relieve stress(예, 스트레스 해소를 위해 나는 좋은 경치를 보러 갑니다).

Q : Do you see a movie in a spare time(너는 여가시간에 영화를 보니)?
⇨ Yes, I see a movie in a spare time(예, 나는 여가시간에 영화를 봅니다).

Q : Is it fun to see exotic things while traveling(여행하는 동안에 이국적인 것을 보는 것은 재미있어)?
⇨ Yes, it is fun to see exotic things while traveling(예, 나는 여행중에 이국적인 경치를 보는 것이 재미있습니다).

Q : What do you do to relieve stress(스트레스를 해소하기 위해 무엇을 하니)?
⇨ I go see a good view to relieve stress(나는 스트레스를 해소하기 위해 좋은 경치를 보러 갑니다).

Q : What do you do in a spare time(여가 시간에 무엇을 하니)?
⇨ I see a movie in a spare time(나는 영화를 봅니다).

Q : Why is traveling so special to you(여행이 너에게 왜 그렇게 특별하니)?
⇨ It is fun to see exotic things while traveling(여행을 하는 동안 이국적인 경치를 보는 것이 재미있습니다).

Useful expressions

- a glance/a glimpse(언뜻 봄)
- a common scene(자주 보는 광경)
- stare/gaze(빤히 쳐다보다)
- often come across the man(그 남자를 자주 본다)
- this dress doesn't look good(이 옷은 보기에 좋지 않다)
- see a movie(영화를 보다)
- be worth seeing(볼 만하다)
- look over my report(내 보고서를 검토하다)
- look down on foreigners(외국인들을 얕보다)
- look forward to your visits(당신이 방문할 것을 기대하다)

DAY 7
FEEL : 느끼다
be aware of a person or
object through touching

Step 1. Concept

사람이나 사물 등에 대한 모든 감각의 느낌을 표현하는 단어이다. 우리의 오감으로 느끼는 감각뿐만 아니라 마음으로 느끼는 감정도 같이 쓸 수 있다.

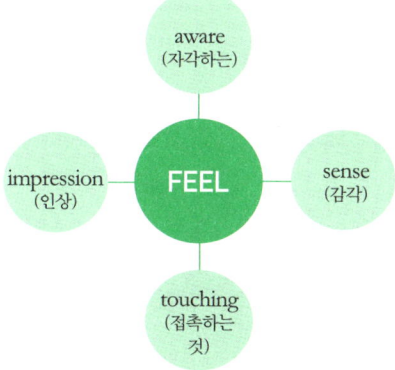

Step 2. Mind map

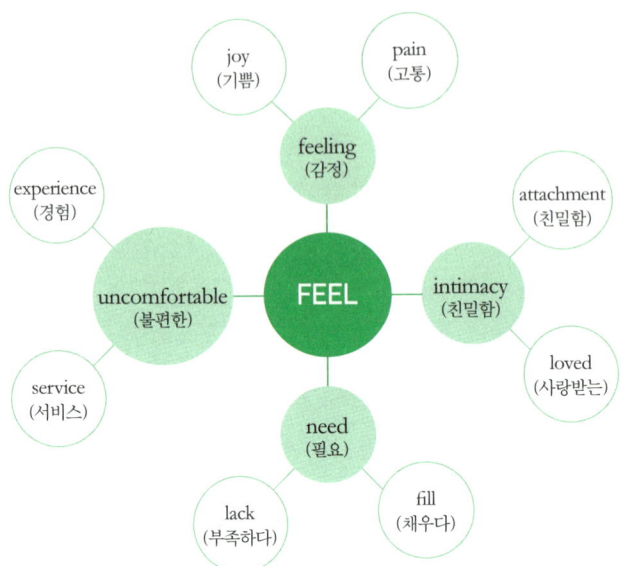

Step 3. Sentence frame

다음 문장들을 한국말로 써놓고 문장의 프레임에 넣기 위해 분석을 해 볼 필요가 있다. '누가, 무엇이'에 해당하는 것에 1번(주어 자리), 동사는 2번, 목적어나 보어는 3번 자리, 그리고 시간과 때, 장소 등의 수식어구는 5번 자리로 표시하고 각자의 자리에 넣어보자.

1	그 소녀는	사랑받는다고	느낀다	
	1	3	2	

2	나쁜 서비스는	고객들이	불편을 느끼게	만든다
	1	3	4	2

3	나는	추위를	쉽게	느낀다
	1	3	5	2

이 문장을 프레임이 넣어서 영작해보자.

1(주어)	2(동사)	3(보어)
그 소녀는	느낀다	사랑받는다고
The girl	feels	loved

1(주어)	2(동사)	3(목적어)	4(목적격 보어)
나쁜 서비스는	만든다	고객들이	불편을 느끼도록
Poor service	makes	customers	feel uncomfortable

make 동사를 쓰면 4번 자리 목적격 보어에 원형부정사(to가 빠지고 동사원형만 남은 형태)를 쓴다.

1(주어)	2(동사)	3(목적어)	5(수식어구)
나는	느낀다	추위를	쉽게
I	feel	the cold	easily

Step 4. Questions & Answers

다음 문장을 의문문으로 바꿔보자.

"The girl feels loved."

의문문 만들기 : "그 소녀는 사랑받는다고 느끼니?"

조동사	1(주어)	2(동사)	3(보어)
	그 소녀는	느낀다	사랑받는다고
Does	the girl	feel	loved?

"Poor service makes customers feel uncomfotable."

의문문 만들기 : 나쁜 서비스는 고객이 불편을 느끼게 만드니?

조동사	1(주어)	2(동사)	3(목적어)	4(목적격 보어)
	나쁜 서비스는	만든다	고객이	불편을 느끼다
Does	poor service	make	customers	feel uncomfortable?

이제 다음 의문문을 만들어보고 답도 해보자.

"그 소녀는 어떻게 느끼니?"

의문사	조동사	1(주어)	2(동사)
어떻게		그 소녀는	느끼다
How	does	the girl	feel?

답은 "The girl feeds loved(그녀는 사랑받는다고 느낀다)."

"무엇이 고객들이 불편을 느끼도록 만드나?"
이때 의문사는 주어 역할을 한다.

의문사	2(동사)	3(목적어)	4(목적격 보어)
무엇이	만든다	고객들이	불편을 느끼도록
What	makes	customers	feel uncomfortable?

답은 "Poor service makes customers feel uncomfortable(나쁜 서비스는 고객이 불편을 느끼도록 만든다)."

"너는 겨울 날씨에 대해 어떻게 느끼니?"

의문사	조동사	1(주어)	2(동사)	5(수식어구)
어떻게		너는	느끼다	겨울 날씨에 대해
How	do	you	feel	about winter weather?

답은 "I feel the cold easily(나는 쉽게 추위를 느낀다)."

Step 5. Speak out

Q : Does the girl feel loved(그 소녀는 사랑 받는다고 느끼니)?
⇨ Yes, she feels loved(예, 그녀는 사랑받는다고 느낀다).

Q : Does poor service make customers feel uncomfortable(나쁜 서비스는 고객을 불편하게 느끼도록 만드니)?
⇨ Yes, poor service makes customers feel uncomfortable(예, 나쁜 서비스는 고객들이 불편을 느끼게 만든다).

Q : Do you feel the cold easily(너는 추위를 쉽게 타니)?
⇨ Yes, I feel the cold easily(예, 나는 추위를 쉽게 느낀다).

Q : How does the girl feel(그 소녀는 어떻게 느끼니)?
⇨ She feels loved(그녀는 사랑받는다고 느낀다).

Q : What makes customers feel uncomfortable(무엇이 고객이 불편하게 느끼도록 만드니)?

⇨ Poor service makes customers feel uncomfortable(나쁜 서비스는 고객들이 불편을 느끼게 만든다).

Q : How do you feel about winter weather(겨울 날씨를 어떻게 느끼니)?
⇨ I feel the cold easily(나는 쉽게 추위를 느낀다).

Useful expressions

- feel hungry(배고픔을 느끼다)
- feel a pain(고통을 느끼다)
- feel the cold/heat(추위/더위를 느끼다)
- feel joy(기쁨을 느끼다)
- feel uncomfortable(불편함을 느끼다)
- feel lonesome(외로움을 느끼다)
- feel that he was keeping sth from me(그가 내게 무엇을 숨기는 것을 느끼다)
- touch to the heart/impress profoundly(깊이 감동받다)

DAY 8

FIND : 찾다
discover or perceive
by chance or unexpectedly

Step 1. Concept

우연히 찾는 것을 쓸 때 find를 쓴다는 것이다. 내가 키를 찾고 있다라고 할 때 find를 많이들 생각하지만 현재 찾고 있는 중일 때는 look for 또는 search for를 쓴다는 사실을 기억하자.

Step 2. Mind map

Step 3. Sentence frame

다음 문장들을 한국말로 써놓고 문장의 프레임에 넣기 위해 분석을 해 볼 필요가 있다. '누가, 무엇이'에 해당하는 것은 1번(주어 자리), 동사에 2번, 목적어나 보어는 3번 자리, 그리고 시간과 때, 장소 등의 수식어구는 5번 자리로 표시하고 각자의 자리에 넣어보자.

1	나는	삶의 목적을	찾았다
	1	3	2

2	그녀는	잃어버린 기억을	다시 찾았다
	1	3	2

3	나는	놀 만한	새로운 장소를	찾았다
	1	5	3	2

이 문장을 프레임이 넣어서 영작해보자.

1(주어)	2(동사)	3(목적어)
나는	찾았다	삶의 목적을
I	found	the purpose of life

1(주어)	2(동사)	3(목적어)
그녀는	다시 찾았다	잃어버린 기억을
She	got back	lost memories

1(주어)	2(동사)	3(목적어)	5(수식어구)
나는	찾았다	새로운 장소를	놀 만한
I	found	a new place	to hang out

Step 4. Questions & Answers

다음 문장을 의문문으로 바꿔보자.

"I found the purpose of life."

의문문 만들기 : "너는 삶의 목적을 찾았니?"

조동사	1(주어)	2(동사)	3(목적어)
	너는	찾다	삶의 목적을
Did	you	find	the purpose of life

"She got back lost memories."

의문문 만들기 : "그녀는 잃어버린 기억을 되찾았니?"

조동사	1(주어)	2(동사)	3(목적어)
	그녀는	되찾다	잃어버린 기억을
Did	she	get back	lost memories?

"I found a new place to hang out."

의문문 만들기 : "너는 놀 만한 새로운 장소를 찾았니?"

조동사	1(주어)	2(동사)	3(목적어)	5(수식어구)
	너는	찾다	새로운 장소를	놀 만한
Did	you	find	a new place	to hang out?

이 의문문을 토대로 대답을 만들어보자.

"너는 무엇을 찾았니?"

의문사	조동사	1(주어)	2(동사)
무엇을		너는	찾다
What	did	you	find?

답은 "I found the purpose of life(나는 삶의 목적을 찾았다)."

"그녀는 어떻게 잃어버린 기억을 되찾았나?"

의문사	조동사	1(주어)	2(동사)	3(목적어)
어떻게		그녀는	되찾다	잃어버린 기억을
How	did	she	get back	lost memories?

답은 "She got back lost memories with love(그녀는 사랑으로 잃어버린 기억을 되찾았다)."

"너는 무엇을 찾아냈니?"

의문사	조동사	1(주어)	2(동사)
무엇을		너는	찾다
What	did	you	find out?

find out은 '무엇을 찾아내고, 알아내다'라는 의미로 자주 쓰이는 표현이다. 답은 "I found a new place to hang out(나는 놀 만한 새로운 장소를 찾았다)."

Step 5. Speak out

Q : Did you found the purpose of life(너는 삶의 목적을 찾았니)?
⇨ Yes, I find the purpose of life(예, 나는 삶의 목적을 찾았습니다).

Q : Did you find a new place to hang out(너는 놀 만한 새로운 장소를 찾았니)?
⇨ Yes, I found a new place to hang out(예, 나는 놀 만한 새로운 장소를 찾았어요).

Q : What did you find(너는 무엇을 찾았니)?
⇨ I found the purpose of life(나는 삶의 목적을 찾았어요).

Q : How did she get back lost memories(그녀는 어떻게 잃어버린 기억을 되찾았니)?

⇨ She got back lost memories with love(그녀는 사랑으로 잃어버린 기억을 되찾았다).

Q : What did you find out(너는 어떤 장소를 찾았니)?

⇨ I found a new place to hang out(나는 놀 만한 새로운 장소를 찾았다).

Useful expressions

1. look for a job(일자리를 찾다)
2. found out his real intention(그의 본심을 알아내다)
3. withdraw one's savings(예금을 찾다)
4. find the word/ Look up the word(단어를 찾다)
5. call on me/come to see me once in a while(나를 가끔 찾아온다)
6. find himself(자신을 찾다)

DAY 9
SAY : 말하다
to express in words

Step 1. Concept

'말하다'만큼 다양한 단어들이 있을까? 그만큼 그 쓰임이 어렵다. 가장 일반적인 의미가 say이며, 사적인 대화에 talk이 많이 쓰이고, 준비된 것을 말하는 느낌은 speak, 정보의 전달 느낌은 tell이다.

Step 2. Mind map

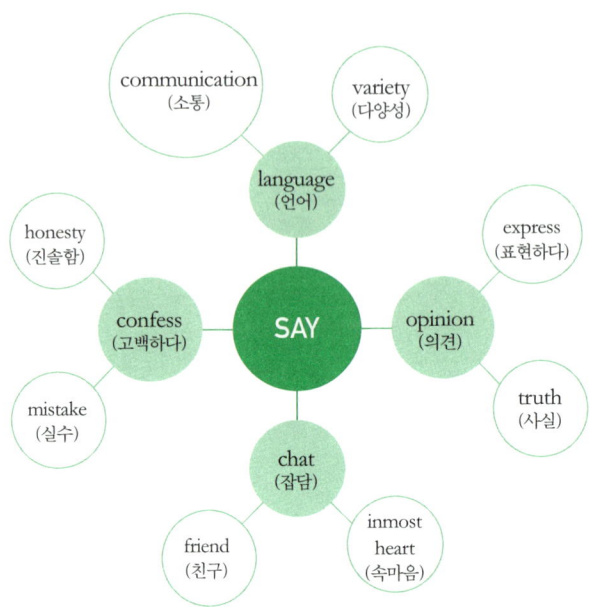

Step 3. Sentence frame

다음 문장들을 한국말로 써놓고 문장의 프레임에 넣기 위해 분석을 해 볼 필요가 있다. '누가, 무엇이'에 해당하는 것은 1번(주어 자리), 동사는 2번, 목적어나 보어는 3번 자리, 그리고 시간과 때, 장소 등의 수식어구는 5번 자리로 표시하고 각자의 자리에 넣어보자.

	나는	친구에게	모든 것을	말한다
1	1	3	4	2

	성경은	우리가 서로 사랑해야 한다고	말한다
2	1	3	2

	전화로 얘기하는 것은	직접 얼굴을 보고 얘기하는 것과	다르다
3	1	5	2, 3

이 문장을 프레임이 넣어서 영작해보자.

1(주어)	2(동사)	3(간접목적어)	4(직접목적어)
나는	말한다	친구에게	모든 것을
I	tell	my friend	everything

1(주어)	2(동사)	3(목적어)
성경은	말한다	우리가 서로 사랑해야 한다고
The Bible	says	that we should love one another

1(주어)	2(동사)	3(보어)	5(수식어구)
전화로 얘기하는 것은	이다	다른	직접 보고 말하는 것과
Talking on the phone	is	different	from talking in person

Step 4. Questions & Answers

이제 이 문장들을 가지고 질문을 만들어보자. 이 질문들을 다른 사람에게 물어보면서 다양한 답변을 얻을 수도 있으며, 스스로에게 질문을 던져서 답해보는 것도 좋다. 대화는 좋은 질문을 할 수 있어야 하며, 또 질문에 답을 할 수 있어야 한다.

"I tell my friend everything."

의문문 만들기 : "너는 친구에게 모든 것을 말하니?"

조동사	1(주어)	2(동사)	3(목적격 보어)	4(목적어)
	너는	말하다	친구에게	모든 것을
Do	you	tell	your friend	everything?

"The Bible says that we should love one another."

의문문 만들기 : "성경은 우리가 서로 사랑해야 한다고 말하고 있니?"

조동사	1(주어)	2(동사)	3(목적어)
	성경은	말한다	우리가 서로 사랑해야 한다고
Does	the Bible	say	that we should love one another?

"Talking on the phone is different from talking in person."

의문문 만들기 : "전화로 얘기하는 것은 직접 보고 말하는 것과 다를까?"

2(be동사)	1(주어)	3(보어)	5(수식어구)
이다	전화로 얘기하는 것은	다른	직접 보고 말하는 것과
Is	talking on the phone	different	from talking in person

이 문장들을 토대로 질문을 생각해보자.

"너는 친구에게 무엇을 말하니?"

의문사	조동사	1(주어)	2(동사)	3(목적어)
무엇을	do	너는	말하다	친구에게
What	do	you	tell	your friend?

답은 "I tell my friend everything(나는 친구에게 모든 것을 말한다)."

"성경은 무엇을 말하고 있나?"

의문사	조동사	1(주어)	2(동사)
무엇을	do	성경은	말하다
What	does	the Bible	say?

답은 "The Bible says that we should love one another(성경은 우리가 서로 사랑해야 한다고 말한다)."

"왜 당신은 직접 보고 말하는가?"

의문사	조동사	1(주어)	2(동사구)
왜	do	당신은	직접 보고 말하다
Why	do	you	talk in person?

답은 "Talking on the phone is different from talking in person(전화로 얘기하는 것은 직접 보고 말하는 것과 다르다)."

Step 5. Speak out

Q : Do you tell your friend everything(너는 친구에게 모든 것을 말하니)?
⇨ Yes, I tell my friend everything(응, 나는 친구에게 모든 것을 말해).

Q : Does the Bible say that we should love one another(성경은 서로 사랑하라고 말하니)?
⇨ Yes, the Bible says that we should love one another(네, 성경은 서로

사랑하라고 말합니다).

Q : Is talking on the phone different from talking in person(전화로 얘기하는 것은 직접 보고 얘기하는 것과 다르니)?
⇨ Yes, talking on the phone is different from talking in person(예, 전화로 얘기하는 것은 직접 보고 얘기하는 것과 다릅니다).

Q : What do you tell your friend(너는 친구에게 무엇을 말하니)?
⇨ I tell my friend everything(나는 친구에게 모든 것을 말해요).

Q : What does the Bible say(성경은 무엇이라고 말하니)?
⇨ The Bible says that we should love one another(성경은 서로 사랑하라고 말합니다).

Q : Why do you talk in person(너는 왜 직접 만나서 얘기하니)?
⇨ Because I prefer talking in person to talking on the phone(왜냐하면 전화로 얘기하는 것보다 직접 보고 얘기하는 것을 더 좋아하기 때문입니다).

　* prefer은 '무엇을 더 선호하다'는 말로, 'Prefer A to B'라면 'B보다 A를 더 선호한다'는 말이다.

Useful expressions

- talk frankly(솔직하게 얘기하다)
- talk on the phone(전화로 얘기하다)
- don't talk with your mouth full(입에 음식을 가득 물고 얘기하지 마라)
- everyone, speak up(모두 의견을 말해주세요)
- ask her to marry me(그녀에게 나와 결혼해달라고 말하다)
- it is no use of telling him anything(그에게 아무리 얘기해도 소용없다)
- what did I tell you?/I told you so(내가 뭐라고 했니)
- have no chance to express himself(그를 표현할 방법이 없다)
- the beauty of the view is beyond words(그 경치의 아름다움은 말로 표현 할 수가 없다)

DAY 10
START : 시작하다
to begin or set out on an action

Step 1. Concept

어떠한 행동을 시작할 때 start와 begin은 비슷한 느낌으로 쓸 수 있다. 무엇을 시작하는지를 쓰고 싶을 때 뒤에는 to부정사(to+동사원형) 또는 동명사(동사원형+~ing)를 쓸 수 있다.

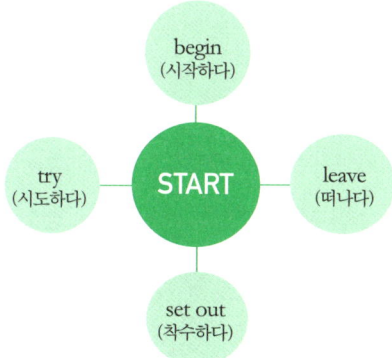

Step 2. Mind map

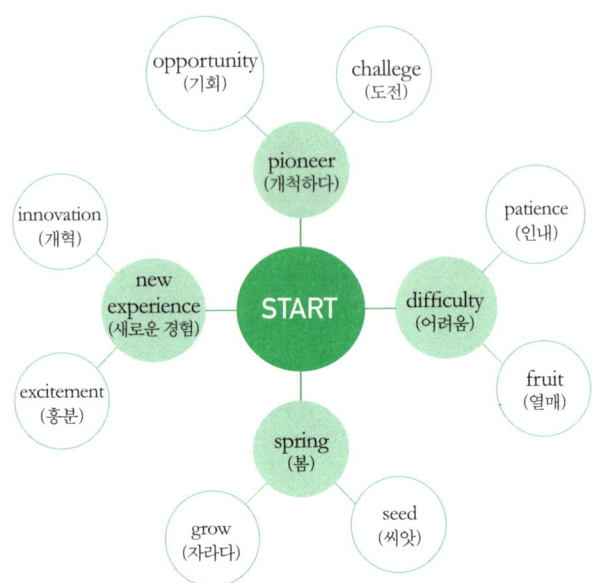

Step 3. Sentence frame

다음 문장들을 한국말로 써놓고 문장의 프레임에 넣기 위해 분석을 해볼 필요가 있다. '누가, 무엇이'에 해당하는 것에 1번(주어 자리), 동사는 2번, 목적어나 보어는 3번 자리, 그리고 시간과 때, 장소 등의 수식어구는 5번 자리로 표시하고 각자의 자리에 넣어보자.

1	사업을 시작하는 것은	도전적	이다
	1	3	2

2	학교는	3월에	시작한다
	1	5	2

3	나는	영어 배우는 것을 시작할 것을	결심했다
	1	3	2

이 문장을 프레임이 넣어서 영작해보자.

1(주어)	2(동사)	3(보어)
사업을 시작하는 것은	이다	도전적인
Starting a business	is	challenging

1(주어)	2(동사)	5(수식어구)
학교는	시작한다	3월에
School	starts	in March

1(주어)	2(동사)	3(목적어)
나는	결심했다	영어 배우는 것을 시작할 것을
I	decided	to start learning English

Step 4. Questions & Answers

이제 이 문장들을 가지고 질문을 만들어보자. 이 질문들을 다른 사람에게 물어보면서 다양한 답변을 얻을 수도 있으며, 스스로에게 질문을 던져서 답해보는 것도 좋다. 대화는 좋은 질문을 할 수 있어야 하며, 또 질문에 답을 할 수 있어야 한다.

"Starting a business is challenging."
의문문 만들기 : "사업을 시작하는 것은 도전입니까?"

2(be동사)	1(주어)	3(보어)
이다	사업을 시작하는 것은	도전적인
Is	starting a business	challenging?

"School starts in March."
의문문 만들기 : "학교는 3월에 시작합니까?"

조동사	1(주어)	2(동사)	5(수식어구)
	학교는	시작하다	3월에
Does	school	start	in March?

"I decided to start learning English."
의문문 만들기 : "너는 영어 공부를 시작할 것을 결심했니?"

조동사	1(주어)	2(동사)	3(목적어)
	너는	결심하다	영어 공부를 시작할 것을
Did	you	decide	to start learning English?

다음 질문의 답도 생각해보자.

"너는 사업을 시작하는 것에 대해 어떻게 생각하니?"

의문사	조동사	1(주어)	2(동사)	5(전치사구)
무엇을		너는	생각하다	사업을 시작하는 것에 대해
What	do	you	think?	about starting a business?

답은 "Starting a business is challenging(사업을 시작하는 것은 도전적이다)."

"학교는 언제 시작하니?"

의문사	조동사	1(주어)	2(동사)
언제	do	학교는	시작하다
When	does	school	start?

답은 "School starts in March(학교는 3월에 시작한다)."

"너는 무엇을 결심했니?"

의문사	조동사	1(주어)	2(동사)
무엇을	do	너는	결심하다
What	did	you	decide?

답은 "I decided to start learning English(나는 영어 공부를 시작할 것을 결심했다)."

Step 5. Speak out

Q : Is starting a business challenging(사업을 시작하는 것은 도전적이니)?
⇨ Yes, starting a business is challenging(네, 사업을 시작하는 것은 도전적입니다).

Q : Does school start in March(학교는 3월에 시작하니)?
⇨ Yes, school starts in March(예, 학교는 3월에 시작합니다).

Q : Did you decide to start learning English(너는 영어 배우기를 시작하기로 결심했어)?
⇨ Yes, I decided to start learning English(응, 나는 영어 배우기를 시작

하기로 결심했어).

Q : How do you think about starting a business(사업을 시작하는 것에 대해 어떻게 생각하니)?
⇨ Starting a business is challenging(사업을 시작하는 것은 도전적이야).

Q : When does school start(학교는 언제 시작하니)?
⇨ School starts in March(학교는 3월에 시작해).

Q : What did you decide(너는 무엇을 결심했어)?
⇨ I decided to start learning English(나는 영어 배우기를 시작하기로 결심했어).

Useful expressions

- This is only the beginning(이것은 시작에 지나지 않는다)
- With that as a start(그것을 시작으로)
- Well begun is half done(시작이 반이다)
- A good beginning makes a good ending(시작이 좋으면 끝도 좋다)
- I have just begun my work(나는 막 이 일을 하기 시작했다)
- He got tired of his job(싫증나기 시작했다)
- From scratch(아무런 준비없이, 맨 처음부터)

DAY 11
FINISH : 마치다
to bring to an end or to completion

Step 1. Concept

'마치다' 또는 '완료하다'를 의미를 가지고 있다. 예를 들어 "내가 금연을 하겠다"라는 문장을 영작할 때 finish라는 단어를 쓰는 학생들이 있다. "I will finish smoking"은 끝장을 보겠다는 느낌이지, 여기서 그만하겠다는 느낌이 아니다. 이럴 때는 "I will stop smoking"이라고 해야 한다.

Step 2. Mind map

Step 3. Sentence frame

다음 문장들을 한국말로 써놓고 문장의 프레임에 넣기 위해 분석을 해볼 필요가 있다. '누가, 무엇이'에 해당하는 것에 1번(주어 자리), 동사는 2번, 목적어나 보어는 3번 자리, 그리고 시간과 때, 장소 등의 수식어구는 5번 자리로 표시하고 각자의 자리에 넣어보자.

1	그녀는	관계를 끝내기를	좋게	싫어한다
	1	3	5	2

2	너는	다른 사람들이 식사를 끝낼 때까지	식탁을	떠나서는 안 된다
	1	5	3	2

3	우리는	그 프로젝트를 마칠 것을	정시에	목표로 삼고 있다
	1	3	5	2

이 문장을 프레임이 넣어서 영작해보자.

1(주어)	2(동사)	3(목적어)	5(수식어구)
그녀는	원한다	관계를 끝내기를	좋게
She	wants	to finish the relationship	nicely

1(주어)	2(동사)	3(목적어)	5(부사절)
너는	떠나서는 안 된다	식탁을	다른 사람들이 식사를 끝낼 때까지
You	should not leave	the table	until others finish meals

부사절은 전체 문장의 의미를 명확하게 전달하기 위해 보충설명을 해주는 절이다. 접속사 until(~할 때까지), 주어 others(다른 사람들), 동사 finish(끝내다), 목적어 meals(식사)로 구성되어 주된 절에 붙여서 쓴다.

1(주어)	2(동사)	3(목적어)	5(수식어구)
우리는	목표로 삼다	그 프로젝트를 마칠 것을	정시에
We	aim	to finish the project	on time

Step 4. Questions & Answers

이제 다음 문장들을 가지고 질문을 만들어보자. 이 질문들을 다른 사람에게 물어보면서 다양한 답변을 기대할 수도 있으며, 스스로에게 질문을 던져서 답변해본다. 대화는 좋은 질문을 하고, 또 질문에 답을 할 수 있어야 한다. 먼저 다음 문장을 그대로 질문으로 만드는 연습을 해보자.

"She wants to finish the relationship nicely."

의문문 만들기 : 그녀는 관계를 좋게 끝내기를 원하니?

조동사	1(주어)	2(동사)	3(목적어)	5(수식어구)
	그녀는	원한다	관계를 끝내기를	좋게
Does	she	want	to finish the relationship	nicely

"You should not leave the table until others finish meals."

의문문 만들기 : 너는 다른 사람들이 식사를 끝낼 때까지 식탁을 떠나서는 안 되니?

조동사	1(주어)	2(동사)	3(목적어)	5(부사절)
	너는	떠나다	식탁을	다른 사람들이 식사를 끝낼 때까지
Shouldn't	you	leave	the table	until others finish meals?

조동사에 부정 형태 not이 붙어 있는 부정의문문은 그대로 Souldn't를 문장 앞으로 빼서 써주면 된다.

"You aim to finish the project on time."
의문문 만들기 : 너는 그 프로젝트를 정시에 끝내기를 원하니?

조동사	1(주어)	2(동사)	3(목적어)	5(수식어구)
	너는	목표로 삼다	그 프로젝트를 끝내기를	정시에
Do	you	aim	to finish the project	on time?

이제 다음 문장들을 보고 답을 해보자.

"그녀는 어떻게 관계를 끝내기를 원하니?"

의문사	조동사	1(주어)	2(동사)	3(목적어)
어떻게		그녀는	원하다	관계를 끝내기를
How	does	she	want	to finish the relationship?

답은 "She wants to finish the relationship nicely(그녀는 관계를 좋게 끝내기를 원한다)."

"너는 식사중에 무엇을 해서는 안 되니?"

의문사	조동사	1(주어)	2(동사)	5(수식어구)
무엇을	should	너는	하다	식사중에
What	shouldn't	you	do	at table?

답은 "I should not leave the table until others finish meals(너는 다른 사람들이 식사를 끝낼 때까지 식탁을 떠나서는 안 된다)."

"당신들은 프로젝트에 대해 무엇을 목표로 삼았나요?"

의문사	조동사	1(주어)	2(동사)	5(수식어구)
무엇		당신들은	목표로 삼다	프로젝트에 대해
What	do	you	aim	about the project?

답은 "We aim to finish the project on time(우리는 정시에 프로젝트를 끝낼 것을 목표로 삼았다)."

Step 5. Speak out

Q : Does she want to finish the relationship nicely(그녀는 관계를 좋게 끝내기를 원하니)?

⇨ Yes, she wants to finish the relationship nicely(네, 그녀는 좋게 관계를 끝내기를 원합니다).

Q : Shouldn't you leave the table until others finish meals(너는 다른 사람들이 식사를 마칠 때까지 자리를 뜨지 말아야 하는 것 아니니)?

⇨ No, I should not leave the table until others finish meals(네, 나는 다른 사람들이 식사를 끝낼 때까지 식탁을 떠나서는 안 됩니다) .
*여기서도 부정으로 질문했기 때문에 대답이 자리를 뜨지 말아야 하는 부정이므로 no라고 대답하는 것이다.

Q : Do you aim to finish the project on time(당신들은 프로젝트를 정시에 마칠 것을 목표로 하나요)?

⇨ Yes, we aim to finish the project on time(예, 우리는 정시에 프로젝트를 끝내기를 목표로 삼았습니다).

Q : How does she want to finish the relationship(그녀는 관계를 어떻게 끝내기를 원하니)?

⇨ She wants to finish the relationship nicely(그녀는 관계를 좋게 끝내기를 원한다).

Q : What shouldn't you do at table(너는 식사 중에 무엇을 하지 말아야 하니)?
⇨ I should not leave the table until others finish meals(나는 다른 사람들이 식사를 끝낼 때까지 식탁을 떠나서는 안 됩니다).

Q : What do you aim about the project(그 프로젝트에 대해 무엇을 목표로 삼고 있나요)?
⇨ We aim to finish the project on time(우리는 그 프로젝트를 정시에 끝내는 것을 목표로 삼았다).

Useful expressions

- after school (is over) (학교가 끝난 후에)
- be off duty(근무가 끝나다)
- end up in failure(실패로 끝나다)
- all is over(만사가 끝나다)
- I have finished(식사(일)가 끝나다)
- finish second(2등이 되다)
- let me finish(마저 끝내겠습니다)

DAY 12
HELP : 돕다
to give what is necessary
to accomplish a task

Step 1. Concept

help는 단순하게 누구를 도와주다라고 쓸 수도 있지만 '누가 ~하는 것을 도와주다'라고도 많이 쓴다. 그래서 예를 들어 "나는 네가 임수를 완수하는 것을 돕는다"라고 영작하고 싶다면 "I help you accomplish a task" 또는 "I help you accomplish to accomplish a task"라고 5형식으로 주로 쓴다.

이때 목적격 보어 자리는 원형부정사나 to부정사 둘 다 올 수 있다.

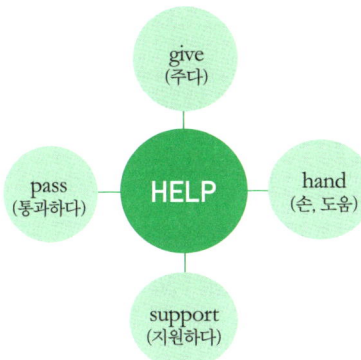

Step 2. Mind map

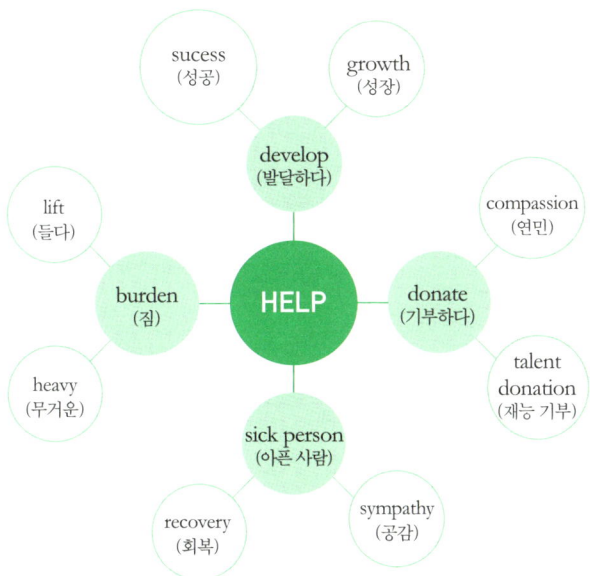

Step 3. Sentence frame

다음 문장들을 한국말로 써놓고 문장의 프레임에 넣기 위해 분석을 해볼 필요가 있다. '누가, 무엇이'에 해당하는 것에 1번(주어 자리), 동사는 2번, 목적어나 보어는 3번 자리, 그리고 시간과 때, 장소 등의 수식어구는 5번 자리로 표시하고 각자의 자리에 넣어보자.

1 재능기부는   도움이 필요한 사람을 돕기 위한   한 방법   이다
   1   5   3   2

2 그녀는   매일 요리하는 것에 대해   엄마를   돕는다
   1   5   3   2

3 부모들은   아이들이   건강한 자존감을 발달시키도록   도와야 한다
   1   3   4   2

이 문장을 프레임이 넣어서 영작해보자.

1(주어)	2(동사)	3(보어)	5(수식어구)
재능 기부는	이다	한 방법	도움이 필요한 사람을 돕기 위한
Talent donation	is	a way	to help a person in need

1(주어)	2(동사)	3(목적어)	5(수식어구)
그녀는	돕는다	엄마를	매일 요리하는
She	helps	mom	in day to day cooking

1(주어)	2(동사)	3(목적어)	4(목적격 보어)
부모들은	도와야 한다	아이들을	건강한 자존감을 발달시키도록
Partents	should help	their children	develop the healthy self-esteem

Step 4. Questions & Answers

이제 이 문장들을 가지고 질문을 만들어보자. 이 질문들을 다른 사람에게 물어보면서 다양한 답변을 얻을 수도 있으며, 스스로에게 질문을 던져서 답해보는 것도 좋다. 대화는 좋은 질문을 할 수 있어야 하며, 또 질문에 답을 할 수 있어야 한다.

"Talent donation is a way to help a person in need."

의문문 만들기 : "재능 기부는 도움이 필요한 사람을 돕기 위한 하나의 방법일까?"

1(be동사)	1(주어)	3(보어)	5(수식어구)
이다	재능 기부는	한 방법	도움이 필요한 사람을 돕기 위한
Is	talent donation	a way	to help a person in need?

"She helps mom in day to day cooking."

의문문 만들기 : "그녀는 매일매일 요리하는 엄마를 도와주니?"

조동사	1(주어)	2(동사)	3(목적어)	5(수식어구)
	그녀는	돕다	엄마를	매일 요리하는
Does	she	help	mom	in day to day cooking?

"Parents should help their children develop the healty self-esteem."

의문문 만들기 : "부모들은 아이들이 건강한 자존감을 발달시키도록 도와야 하나?"

조동사	1(주어)	2(동사)	3(목적어)	4(목적격 보어)
~한다	부모들은	돕다	아이들을	건강한 자존감을 발달시키도록
Should	parents	help	their children	develop the healthy self-esteem

이제 다음 문장들을 보고 답을 해보자.

"도움이 필요한 사람을 돕기 위한 한 방법은 무엇이니?"

의문사	2(be동사)	3(보어)	5(수식어구)
무엇	이다	한 방법	도움이 필요한 사람을 돕기 위한
What	is	a way	to help a person in need?

답은 "Talent donation is a way to help a person in need(재능 기부는 도움이 필요한 사람을 돕기 위한 한 방법이다)."

"그녀는 엄마를 돕기 위해 무엇을 하나?"

의문사	조동사	1(주어)	2(동사)	5(수식어구)
무엇		그녀는	하다	엄마를 돕기 위해
What	does	she	do	to help mom?

답은 "She helps mom in day to day cooking(그녀는 매일 요리하는 엄마를 돕는다)."

"부모들은 아이들을 어떻게 도와야 하나?"

의문사	조동사	1(주어)	2(동사)	3(목적어)
어떻게	~하나	부모들은	돕다	아이들을
How	should	parents	help	their children?

답은 "Parents should help their children develop the healthy self-esteem(부모들은 아이들이 건강한 자존감을 발달시키도록 도와야 한다)."

Step 5. Speak out

Q : Is talent donation a way to help a person in need(재능 기부는 도움이 필요한 사람을 돕기 위한 한 방법인가요)?

⇨ Yes, talent donation is a way to help a person in need(예, 재능 기부는 도움이 필요한 사람을 돕기 위한 한 방법입니다).

Q : Does she help mom in day to day cooking(그녀는 매일 요리하는 것에 대해 엄마를 도와드리니)?

⇨ Yes, she helps mom in day to day cooking(예, 그녀는 엄마가 요리하는 것을 도와드린다).

Q : Should parents help their children develop the healthy self-esteem(부모들은 자녀의 건강한 자존감을 발달시키는 것을 도와야 하나요)?

⇨ Yes, parents should help their children develop the healthy self-esteem(예, 부모들은 자녀의 건강한 자존감을 발달시키는 것을 도와야 합니다).

Q : What is a way to help a person in need(도움이 필요한 사람을 도와주는 방법은 무엇인가요)?

⇨ Talent donation is a way to help a person in need(재능 기부는 도움이 필요한 사람을 돕는 한 방법입니다).

Q : What does she do to help mom(그녀는 무엇으로 엄마를 돕나요)?
⇨ She helps mom in day to day cooking(그녀는 엄마가 매일 요리하는 것을 도와줍니다).

Q : How should parents help their children(어떻게 부모들은 자녀를 도울 수 있나요)?
⇨ Parents should help their children develop the healthy self-esteem(부모들은 자녀가 건강한 자존감을 발달시키도록 도와야 합니다).

Useful expressions

- help with his work(일을 돕다)
- heaven helps those who help themselves(하늘은 스스로 돕는 자를 돕는다)
- help the needy(가난한 사람을 돕다)
- help a person out of difficulties(곤경에 처한 사람을 돕다)
- This medicine helps the digestion(이 약은 소화를 돕는다)
- Help yourself(마음껏 드세요)
- without another's help(남의 도움을 받지 않고)
- he gladly came to my aid(그는 기꺼이 조력해주러 왔다)
- ask for his help(도움을 청하다)

DAY 13
THINK : 생각하다
have a particular belief or idea

Step 1. Concept

생각이라는 단어를 많은 학생들이 thinking이라고 쓰는데 그것은 생각하는 것이고 생각은 thought라고 써야 한다.

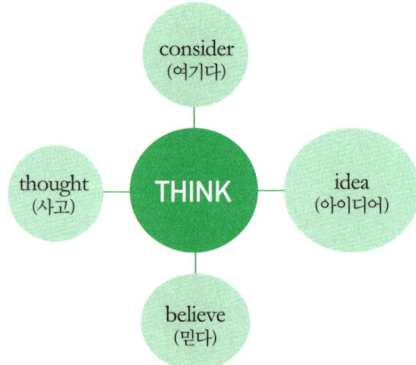

Step 2. Mind map

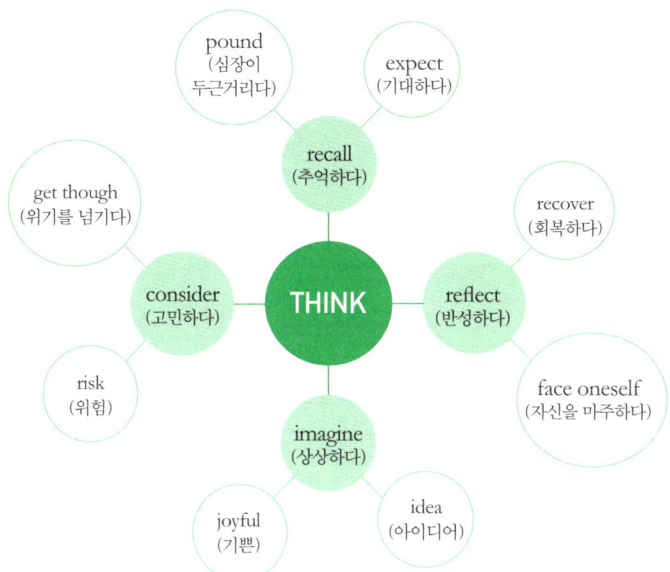

Step 3. Sentence frame

다음 문장들을 한국말로 써놓고 문장의 프레임에 넣기 위해 분석을 해 볼 필요가 있다. '누가, 무엇이'에 해당하는 것에 1번(주어 자리), 동사는 2번, 목적어나 보어는 3번 자리, 그리고 시간과 때, 장소 등의 수식어구는 5번 자리로 표시하고 각자의 자리에 넣어보자.

1	우리는	인생에 대해 생각하는 데	충분한 시간을	쏟아야 한다
	1	5	3	2

2	행복한 생각은	네가	네 자신 안에	행복을 찾도록	해준다
	1	3	5	4	2

3	내가 널 생각하면	내 심장이	미소를 짓는다
	5	1	2

이 문장을 프레임이 넣어서 영작해보자.

1(주어)	2(동사)	3(목적어)	5(수식어구)
우리는	쏟아야 한다	충분한 시간을	인생에 대해 생각하는데
We	have to devote	enough time	to thinking about life

1(주어)	2(동사)	3(목적어)	4(목적격 보어)	5(수식어구)
행복한 생각은	해준다	네가	행복을 찾도록	네 자신 안에서
Happy thoughts	make	you	find happiness	within youself

5(부사절)	1(주어)	2(동사)
내가 널 생각하면	내 심장이	미소짓는다
When I think of you	my heart	smiles

부사절의 추가적인 설명을 먼저 얘기하고 싶으면 이렇게 맨 앞으로 빼서 쓸 수 있다.

Step 4. Questions & Answers

이제 이 문장들을 가지고 질문을 만들어보자. 이 질문들을 다른 사람에게 물어보면서 다양한 답변을 얻을 수도 있으며, 스스로에게 질문을 던져서 답해보는 것도 좋다. 대화는 좋은 질문을 할 수 있어야 하며, 또 질문에 답을 할 수 있어야 한다.

"We have to devote enough time to thinking about life."

의문문 만들기 : 우리는 인생에 대해 생각하는 데 충분한 시간을 쏟아야 하나?

조동사	1(주어)	2(동사)	3(목적어)	5(수식어구)
~하다	우리는	쏟다	충분한 시간을	인생에 대해 생각하는데
Do	we	have to devote	enough time	to thinking about life?

"Happy thoughts make you find happiness within youself."

의문문 만들기 : 행복한 생각은 네 자신 안에서 행복을 찾도록 해주니?

조동사	1(주어)	2(동사)	3(목적어)	4(목적격 보어)	5(수식어구)
~하다	행복한 생각은	해준다	네가	행복을 찾도록	네 자신 안에서
Do	happy thouhts	make	you	find happiness	within yourself?

"When I think of you, my heart smiles."
의문문 만들기 : 내 생각을 하면 네 심장이 미소 짓니?

5(부사절)	조동사	1(주어)	2(동사)
내 생각을 하면	~하다	네 심장은	미소짓다
When you think of me	does	your heart	smile?

이제 다음 문장들을 보고 답을 해보자.

"우리는 인생에 대해 무엇을 쏟아야 하나?"

의문사	조동사	1(주어)	2(동사)	5(수식어구)
무엇이	~하다	우리는	쏟다	인생에 대해
What	do	we	have to devote	about life?

답은 "We have to devote enough time to thinking about life(우리는 인생에 대해 생각하는데 충분한 시간을 쏟아야 한다)."

"무엇이 네 자신 안에서 행복을 찾도록 해주니?"

의문사	2(동사)	3(목적어)	4(목적격 보어)	5(수식어구)
무엇	해준다	네가	행복을 찾도록	네 자신 안에서
What	makes	you	find happiness	within yourself?

답은 "Happy thoughts make you find happiness within youself(행복한 생각은 내 안에서 행복을 찾도록 해준다)."

"네 심장은 언제 미소짓니?"

의문사	조동사	1(주어)	2(동사)
언제		네 심장은	미소짓다
When	does	your heart	smile?

답은 "When I think you, my heart smiles(네 생각을 할 때 내 심장은 미소짓는다)."

Step 5. Speak out

Q : Do we have to devote enough time to thinking about life(우리는

인생에 대해 생각하는 데 충분한 시간을 쏟아야 하는가)?
⇨ Yes, we have to devote enough time to thinking about life(네, 우리는 인생에 대해 생각하는데 충분한 시간을 쏟아야 합니다).

Q : Do happy thoughts make you find happiness within yourself(행복한 생각은 네 자신 안에서 행복을 찾도록 만들어주니)?
⇨ Yes, happy thoughts make me find happiness within myself(예, 행복한 생각은 내 안에서 행복을 찾아준다).

Q : When you think of me, does your heart smile(네가 나를 생각 할 때, 네 마음은 미소짓니)?
⇨ Yes, my heart smiles when I think of you(예, 당신을 생각할 때 내 심장은 미소지어요).

Q : What do we have to devote about life(우리는 삶에 무엇을 헌신해야 하니)?
⇨ We have to devote enough time to thinking about life(우리는 인생에 대해 생각하는 데 충분한 시간을 쏟아야 한다).

Q : What makes you find happiness within yourself(무엇이 네 안에서

행복을 찾게 만드니)?

⇨ Happy thoughts make me find happiness within myself(행복한 생각은 내 안에서 행복을 찾도록 해준다).

Q : When does your heart smile(언제 네 마음은 미소짓니)?

⇨ When I think of you, my heart smiles(너를 생각할 때 내 심장은 미소 짓는다).

Useful expressions

- on second thought(다시 생각해보니)
- considering my wife's feeling(아내의 마음을 생각해서)
- think over(곰곰히 생각하다)
- think others first(다른 사람을 먼저 생각하다)
- think twice(거듭 생각하다)
- think fit to do~(~해도 좋다고 생각하다)
- think noting of~(~을 예사로 여기다)

DAY 14
GROW : 자라다
to increase by natural development,
increase in size

Step 1. Concept

사람이나 동물이 자라는 것뿐만 아니라 수나 크기가 커질 경우에도 grow를 쓴다. '나이를 먹는 건' grow old처럼 2형식의 be동사처럼 '~해진다'라는 의미로 쓰이기도 한다.

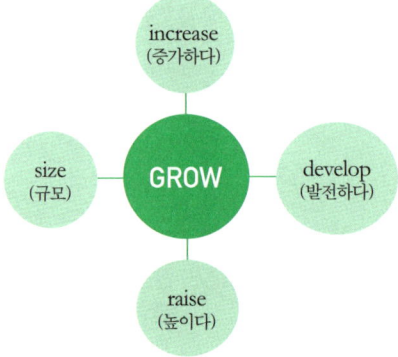

Step 2. Mind map

Step 3. Sentence frame

다음 문장들을 한국말로 써놓고 문장의 프레임에 넣기 위해 분석을 해 볼 필요가 있다. '누가, 무엇이'에 해당하는 것에 1번(주어 자리), 동사는 2번, 목적어나 보어는 3번 자리, 그리고 시간과 때, 장소 등의 수식어구는 5번 자리로 표시하고 각자의 자리에 넣어보자.

1	우정은		사랑으로	자라날 수 있다
	1		5	2

2	경청하는 기술은	영향력을 키우는	방법	이다
	1	5	3	2

3	아이들이 시골에서 자라는 것에		장점들이	있다
	5		1	2

이 문장을 프레임이 넣어서 영작해보자.

1(주어)	2(동사)	5(수식어구)
우정은	자라날 수 있다	사랑으로
Friendship	can grow	into love

1(주어)	2(동사)	3(보어)	5(수식어구)
경청하는 기술은	이다	방법	영향력을 키우는
Listening skill	is	a way	to grow influence

5(부사)	2(동사)	1(주어)	5(수식어구)
	있다	장점들이	아이들이 시골에서 자라는 것
There	are	advantages	for children to grow in the countryside

앞에서 'There are~(~가 있다)'라는 구문에 대해 설명하였다. 주어의 자리가 be동사 뒤에 위치하는 것에 대해 다시 정리해두기 바란다.

Step 4. Questions & Answers

다음 문장들을 가지고 질문을 만들어보자. 이 질문들을 다른 사람에게 적용해서 물어보면서 다양한 답변을 얻을 수 있다.

스스로에게 질문을 던져서 답변을 해본다. 대화는 좋은 질문을 하고, 또 질문에 답을 할 수 있어야 한다. 다음 문장을 질문으로 만드는 연습을 해보자.

"Friendship can grow into love."
의문문 만들기 : 우정은 사랑으로 자랄 수 있니?

조동사	1(주어)	2(동사)	5(수식어구)
~할 수 있다	우정은	자라다	사랑으로
Can	friendship	grow	into love?

"Listening skill is a way to grow influence."
의문문 만들기 : 경청하는 기술은 영향력을 키우는 방법입니까?

2(be동사)	1(주어)	3(보어)	5(수식어구)
이다	경청하는 기술	한 방법	영향력을 키우는
Is	listening skill	a way	to grow influence?

"There are advantages for children to grow in the countryside."
의문문 만들기 : 아이들이 시골에서 자라는 것은 장점이 있나?

2(동사)	5(부사)	1(주어)	5(수식어구)
있다		장점들이	아이들이 시골에서 자라는 것은
Are	there	advantages	for children to grow in the countryside?

이제 다음 문장들을 보고 답을 해보자.

"사랑과 우정에 대해 너는 어떻게 생각하니?"

의문사	조동사	1(주어)	2(동사)	5(수식어구)
무엇	~하다	너는	생각하다	사랑과 우정에 대해
What	do	you	think	about love and friendship?

답은 "I think friendship can grow into love(나는 사랑으로 우정이 자란

다고 생각한다)."

"영향력을 키우는 좋은 방법은 무엇일까?"

의문사(1주어)	2(동사)	3(보어)	5(수식어구)
무엇	이다	좋은 방법	영향력을 키우는
What	is	a good way	to grow influence?

답은 "Listening skill is a good way to grow influence(경청하는 기술은 영향력을 키우는 좋은 방법이다)."

"아이들을 시골에서 키우는 것에 대해 당신은 어떻게 생각하는가?"

의문사	조동사	1(주어)	2(동사)	5(수식어구)
무엇		당신은	생각하다	아이들을 시골에서 키우는 것에 대해
What	do	you	think	about raising children in the coutryside?

답은 "There are advantages for children to grow in the countryside (아이들이 시골에서 자라는 것에는 장점이 있다)."

Step 5. Speak out

Q : Can friendship grow into love(우정이 사랑으로 자라날 수 있니)?

⇨ Yes, friendship can grow into love(예, 사랑으로 우정이 자란다).

Q : Is listening skill a way to grow influence(경청하는 기술은 영향력을 키우는 방법인가요)?

⇨ Yes, listening skill is a way to grow influence(예, 경청하는 기술은 영향력을 키우는 방법입니다).

Q : Are there advantages for children to grow in the countryside(아이들이 시골에서 자라는데 장점이 있나요)?

⇨ Yes, there are advantages for children to grow in the countryside(예, 아이들이 시골에서 자라는 것은 장점이 있습니다).

Q : What do you think about love and friendship(사랑과 우정에 관해 너는 어떻게 생각하니)?

⇨ I think friendship can grow into love(나는 사랑으로 우정이 자란다고 생각한다).

Q : What is a good way to grow influence(영향력을 키우는 좋은 방법은

무엇이니)?

⇨ Listening skill is a way to grow influence(경청하는 기술은 영향력을 키우는 방법이다).

Q : What do you think about raising children in the countryside(아이들이 시골에서 키우는 것에 대해 어떻게 생각하니)?

⇨ There are advantages for children to grow in the countryside(아이들이 시골에서 자라는 것은 장점이 있습니다).

Useful expressions

- make a progress(발전하다)
- she is well- bred(얌전하게 자라다)
- as one grows up(자람에 따라)
- outgrow one's cloths(너무 자라서 옷이 작아지다)
- outgrown(너무 자라다)
- grew up in city(도시에서 자라다)
- friendship grow from common interests(공통 관심사로 우정이 자라나다)
- His influence has grown(그의 영향력이 커지다)
- the boy grew into men(그 소년은 남자로 자라났다)
- He is growing old(그는 나이가 들어가고 있다)

DAY 15
LIKE : 좋아하다
to have a kindly or
friendly feeling

Step 1. Concept

like는 '무엇을 좋아하는 것'으로 뒤에 목적어를 가진다. 행위가 나올 때는 to부정사 또는 동명사 둘 다 쓸 수 있다.

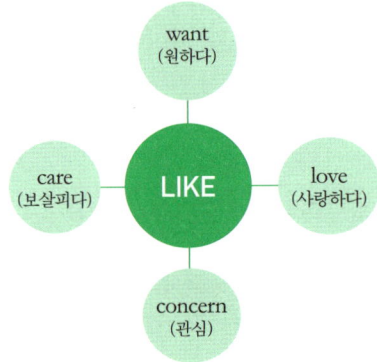

Step 2. Mind map

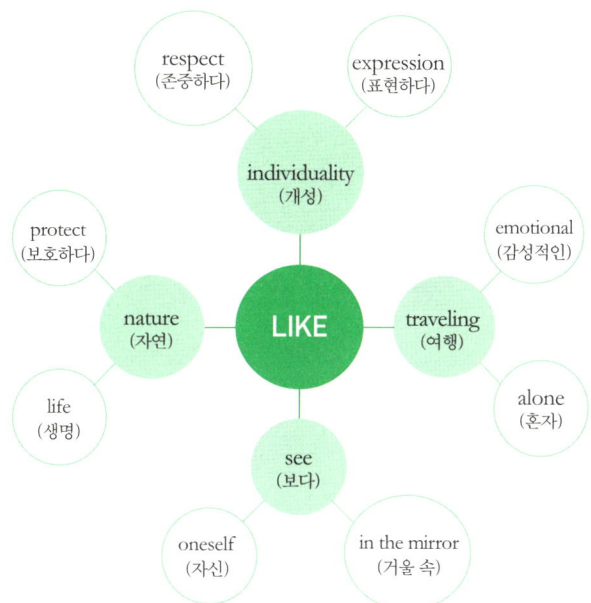

Step 3. Sentence frame

다음 문장들을 한국말로 써놓고 문장의 프레임에 넣기 위해 분석을 해볼 필요가 있다. '누가, 무엇이'에 해당하는 것에 1번(주어 자리), 동사는 2번, 목적어나 보어는 3번 자리, 그리고 시간과 때, 장소 등의 수식어구는 5번 자리로 표시하고 각자의 자리에 넣어보자.

1	나는	이 카페의 분위기를	좋아한다
	1	3	2

2	그녀는	거울 속	자신을 보는 것을	좋아한다
	1	5	3	2

3	나는	혼자서	여행하는 것을	좋아한다
	1	5	3	2

이 문장을 프레임이 넣어서 영작해보자.

1(주어)	2(동사)	3(목적어)
나는	좋아한다	이 카페의 분위기를
I	like	the atmosphere of this cafe

1(주어)	2(동사)	3(목적어)	5(수식어구)
그녀는	좋아한다	자신을 보는 것을	거울 속의
She	likes	seeing herself	in the mirror

1(주어)	2(동사)	3(목적어)	5(수식어구)
나는	좋아한다	여행하는 것을	혼자서
I	like	traveling	alone

Step 4. Questions & Answers

다음 문장들을 가지고 질문을 만들어보자. 이 질문들을 다른 사람에게 적용해서 물어보면서 다양한 답변을 얻을 수 있다. 스스로에게 질문을 던져서 답변을 해본다. 대화는 좋은 질문을 하고, 또 질문에 답을 할 수 있어야 한다. 다음 문장을 그대로 질문으로 만드는 연습을 해보자.

"I like the atmosphere of this cafe."

의문문 만들기 : 너는 이 카페의 분위기를 좋아하니?

조동사	1(주어)	2(동사)	3(목적어)
	너는	좋아하다	이 카페의 분위기를
Do	you	like	the atmosphere of this cafe?

"She likes seeing herself in the mirror."

의문문 만들기 : 그녀는 거울 속의 자신을 보는 것을 좋아하니?

조동사	1(주어)	2(동사)	3(목적어)	5(수식어구)
	그녀는	좋아하다	자신을 보는 것을	거울 속의
Does	she	like	seeing herself	in the mirror?

"I like traveling alone."

의문문 만들기 : 너는 혼자 여행하는 것을 좋아하니?

조동사	1(주어)	2(동사)	3(목적어)	5(수식어구)
	너는	좋아하다	여행하는 것을	혼자서
Do	you	like	traveling	alone?

이제 다음 문장들을 보고 답을 해보자.

"너는 이 카페의 무엇을 좋아하니?"

의문사	조동사	1(주어)	2(동사)	5(수식어구)
무엇		너는	좋아하다	이 카페에 대해
What	do	you	like	about this cafe?

답은 "I like the atmosphere of this cafe(나는 이 카페의 분위기를 좋아한다)."

"그녀는 무엇을 하는 것을 좋아하니?"

의문사	조동사	1(주어)	2(동사)	3(목적어)
무엇	~하다	그녀는	좋아하다	하는 것을
What	does	she	like	to do?

like는 뒤에 to부정사와 동명사 두 개를 동시에 취할 수 있다.

답은 "She likes seeing herself in the mirror(그녀는 거울 속의 자신을 보는 것을 좋아한다)."

"너는 어떤 종류의 여행을 좋아하니?"

의문사	조동사	1(주어)	2(동사)
어떤 종류의 여행을		너는	좋아한다
What kind of traveling	do	you	like?

답은 "I like traveling alone(나는 혼자서 여행하는 것을 좋아한다)."

Step 5. Speak out

Q : Do you like the atmosphere of this cafe(너는 이 카페의 분위를 좋아하니)?

⇨ Yes, I like the atmosphere of this cafe(예, 나는 이 카페의 분위기를 좋아해요).

Q : Does she like seeing herself in the mirror(그녀는 거울 속 자신의 모습을 보는 것을 좋아하니)?

⇨ Yes, she likes seeing herself in the mirror(예, 그녀는 거울 속의 자신을 보는 것을 좋아해요).

Q : Do you like traveling alone(너는 혼자서 여행하는 것을 좋아하니)?
⇨ Yes, I like traveling alone(예, 나는 혼자 여행하는 것을 좋아해요).

Q : What do you like about this cafe(이 카페의 무엇을 좋아하니)?
⇨ I like the atmosphere of this cafe(나는 이 카페의 분위기를 좋아해요).

Q : What does she like to do(그녀는 무엇을 하기를 좋아하니)?
⇨ She likes seeing herself in the mirror(그녀는 거울 속의 자신을 보는 것을 좋아해요).

Q : What kind of traveling do you like(너는 어떤 여행을 좋아하니)?
⇨ I like traveling alone(나는 혼자 하는 여행을 좋아해요).

Useful expressions

- I have no particular preference(특별히 좋아하는 것은 없다).
- I fell in love with her at first sight(그녀를 첫눈에 좋아하게 되었다).
- I like coffee better than tea(나는 차보다는 커피를 더 좋아한다).
- I like to be alone(나는 혼자 있는 것을 좋아한다).
- like-minded(생각이 비슷한)
- How do you like the class(수업은 어때요)?
- You can stay here if you like(네가 원하면 여기 있어도 좋아).

DAY 16
HATE : 싫어하다
feel intense dislike

Step 1. Concept

'dislike'도 '싫어하다'라는 의미를 가지고 있지만, hate은 그것보다 강도가 더 짙은 느낌이다. 격식을 차리면서 "정말 방해하기는 싫은데요"라고 표현할 때 "I hate to bother you" 같은 표현을 쓰기도 한다.

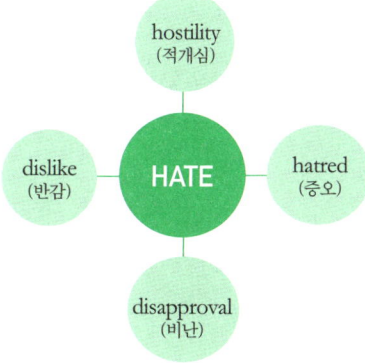

Step 2. Mind map

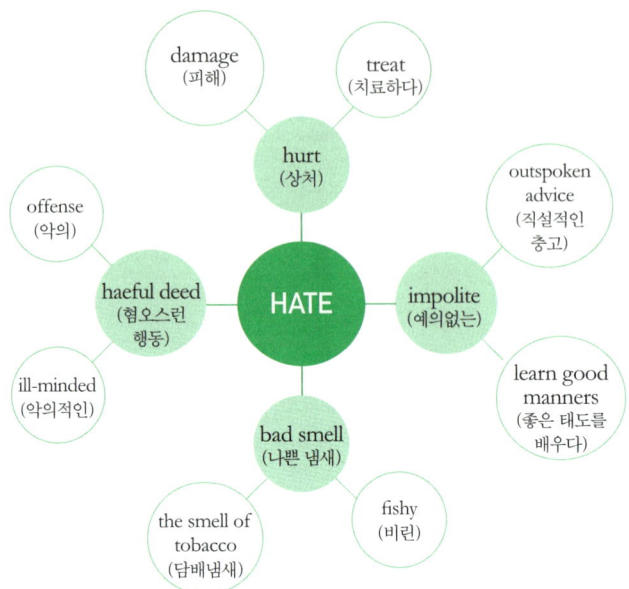

Step 3. Sentence frame

다음 문장들을 한국말로 써놓고 문장의 프레임에 넣기 위해 분석을 해볼 필요가 있다. '누가, 무엇이'에 해당하는 것에 1번(주어 자리), 동사는 2번, 목적어나 보어는 3번 자리, 그리고 시간과 때, 장소 등의 수식어구는 5번 자리로 표시하고 각자의 자리에 넣어보자.

1	나는	그의 무례한 행동을	증오한다
	1	3	2

2	사람들은	다른 사람의 감정을 다치게 하는 것을	싫어한다
	1	3	2

3	그녀는	담배냄새를	아주 싫어한다
	1	3	2

이 문장을 프레임이 넣어서 영작해보자.

1(주어)	2(동사)	3(목적어)
나는	증오한다	그의 무례한 행동을
I	hate	his impolite behavior

1(주어)	2(동사)	3(목적어)
사람들은	싫어한다	다른 사람의 감정을 다치게 하는 것을
People	hate	hurting other person's feeling

1(주어)	2(동사)	3(목적어)
그녀는	싫어한다	담배냄새를
She	hates	the smell of tobacco

Step 4. Questions & Answers

이제 이 문장들을 가지고 질문을 만들어보자. 이 질문들을 다른 사람에게 물어보면서 다양한 답변을 얻을 수도 있으며, 스스로에게 질문을 던져서 답해보는 것도 좋다. 대화는 좋은 질문을 할 수 있어야 하며, 또 질문에 답을 할 수 있어야 한다.

"I hate his impolite behavor."

의문문 만들기 : 너는 그의 무례한 행동을 증오하니?

조동사	1(주어)	2(동사)	3(목적어)
	너는	증오하다	그의 무례한 행동을
Do	you	hate	his impolite behavior?

"People hate hurting other person's feeling."

의문문 만들기 : 사람들은 다른 사람의 감정을 다치게 하는 것을 싫어하니?

조동사	1(주어)	2(동사)	3(목적어)
	사람들은	싫어한다	다른 사람의 감정을 다치게 하는 것을
Do	people	hate	hurting other person's feeling?

"She hates the smell of tobacco."
의문문 만들기 : 그녀는 담배 냄새를 싫어하니?

조동사	1(주어)	2(동사)	3(목적어)
	그녀는	싫어한다	담배 냄새를
Does	she	hate	the smell of tobacco?

이제 다음 문장들을 보고 답을 해보자.

"너는 그의 어떤 행동을 증오하니?"

의문사	조동사	1(주어)	2(동사)	5(수식어구)
무엇		너는	증오한다	그의 행동에 대해
What	do	you	hate	about his behavor?

답은 "I hate his impolite behavor(나는 그의 무례한 행동을 증오한다)."

"사람들은 무엇을 싫어하니?"

의문사	조동사	1(주어)	2(동사)
무엇		사람들은	싫어하다
What	do	people	hate?

답은 "People hate hurting other people's feeling(사람들은 다른 사람의 감정을 다치게 하는 것을 싫어한다)."

"그녀는 그의 무엇을 싫어하니?"

의문사	조동사	1(주어)	2(동사)	5(수식어구)
무엇		그녀는	싫어한다	그에 대해
What	does	she	hate	about him?

답은 "She hates the smell of tobacco(그녀는 담배 냄새를 싫어한다)."

Step 5. Speak out

Q : Do you hate his impolite behavior(너는 그의 무례한 행동을 싫어하니)?
⇨ Yes, I hate his impolite behavior(예, 나는 그의 무례한 행동을 싫어해요).

Q : Do people hate hurting other person's feeling(사람들은 다른 사람의 감정을 상하게 하는 것을 싫어하니)?
⇨ Yes, people hate hurting other person's feeling(예, 사람들은 다른 사람의 감정을 다치게 하는 것을 싫어해요).

Q : Does she hate the smell of tobacco(그녀는 담배 냄새를 싫어하니)?
⇨ Yes, she hates the smell of tobacco(예, 그녀는 담배 냄새를 싫어해요).

Q : What do you hate about his behavior(네가 그의 행동에서 싫어하는 것이 무엇이니)?
⇨ I hate his impolite behavior(나는 그의 무례한 행동을 싫어한다).

Q : What do people hate(사람들은 무엇을 싫어하니)?
⇨ People hate hurting other person's feeling(사람들은 다른 사람의 감정을 다치게 하는 것을 싫어한다).

Q : What does she hate about him(그녀가 그에게 싫어하는 것은 무엇이니)?
⇨ She hates the smell of tobacco(그녀는 담배 냄새를 싫어한다).

Useful expressions
- I meat no offense(악의가 있어서 그렇게 말한 것은 아니다)
- a white lie(악의 없는 거짓말)
- the type of man I hate(내가 아주 싫어하는 스타일의 남자)
- They seemed unwilling(그들은 싫어하는 것 같았다).
- deep hatred(깊은 증오심)
- I dislike being hurried into things(나는 시간에 쫓기는 것을 싫어한다).
- He suddenly takes a dislike to foods(그는 갑자기 음식을 싫어하게 되었다).

DAY 17
WISH : 바라다
to want, desire, long for

Step 1. Concept

"We wish you a merry christmas!"처럼 기쁜 성탄이 되길 기원하는 마음을 전달하기도 하고, hope보다 가능성이 낮은 일을 바랄 때 쓰이기도 한다.

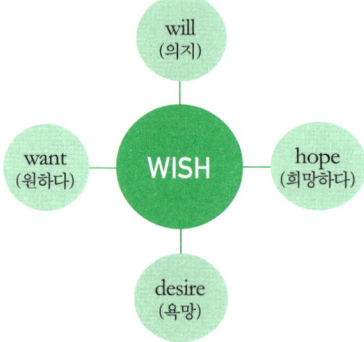

Step 2. Mind map

Step 3. Sentence frame

다음 문장들을 한국말로 써놓고 문장의 프레임에 넣기 위해 분석을 해볼 필요가 있다. '누가, 무엇이'에 해당하는 것에 1번(주어 자리), 동사는 2번, 목적어나 보어는 3번 자리, 그리고 시간과 때, 장소 등의 수식어구는 5번 자리로 표시하고 각자의 자리에 넣어보자.

1	나는	네가	매일	행복하기를	바란다
	1	3	5	4	2

2	내 친구는	내가	인생의	목표를 성취하기를	바란다
	1	3	5	4	2

3	우리는	마음의	평화를	바란다
	1	5	3	2

이 문장을 프레임이 넣어서 영작해보자.

1(주어)	2(동사)	3(목적어)	4(목적격 보어)	5(수식어구)
나는	바란다	네가	행복하기를	매일
I	wish	you	to be happy	everyday

1(주어)	2(동사)	3(목적어)	4(목적격 보어)	5(수식어구)
내 친구는	바란다	내가	목표를 성취하기를	인생에서
My friend	wishes	me	to achieve goals	in life

1(주어)	2(동사)	3(목적어)	5(수식어구)
우리는	바란다	평화를	마음에
We	wish	peace	in mind

Step 4. Questions & Answers

다음 문장들을 가지고 질문을 만들어보자. 이 질문들을 다른 사람에게 적용해서 물어보면서 다양한 답변을 얻을 수 있다.

스스로에게 질문을 던져서 답변을 해본다. 대화는 좋은 질문을 하고, 또 질문에 답을 할 수 있어야 한다. 다음 문장을 그대로 질문으로 만드는 연습을 해보자.

"I wish you to be happy everyday."

의문문 만들기 : 너는 내가 매일 행복하기를 바라니?

조동사	1(주어)	2(동사)	3(목적어)	4(목적격 보어)	5(수식어구)
	너는	바란다	내가	행복하기를	매일
Do	you	wish	me	to be happy	everyday

"My friend wishes me to achieve goal in life."

의문문 만들기 : 네 친구는 네가 인생의 목표를 성취하기를 바라니?

조동사	1(주어)	2(동사)	3(목적어)	4(목적격 보어)	5(수식어구)
	네 친구는	바란다	네가	목표를 성취하기를	인생에서
Does	your friend	wish	you	to achieve goals	in life

"I wish peace in mind."
의문문 만들기 : 너는 마음의 평화를 바라니?

조동사	1(주어)	2(동사)	3(목적어)	5(수식어구)
	너는	바란다	평화를	마음의
Do	you	wish	peace	in mind

이제 다음 문장들을 보고 답을 해보자.

"너는 나를 위해 무엇을 바라니?"

의문사	조동사	1(주어)	2(동사)	5(수식어구)
무엇		너는	바란다	나를 위해
What	do	you	wish	for me?

답은 "I wish you to be happy everyday(나는 네가 매일 행복하기를 바란다)."

"네 친구는 너를 위해 무엇을 바라니?"

의문사	조동사	1(주어)	2(동사)	5(수식어구)
무엇		네 친구는	바란다	너를 위해
What	does	your friend	wish	for you

답은 "My friend wishes me to achieve goals in life(내 친구는 내가 인생에서 목표를 성취하기를 바란다)."

"너는 마음의 무엇을 바라니?"

의문사	조동사	1(주어)	2(동사)	5(수식어구)
무엇	~하다	너는	바라다	마음 속에
What	do	you	wish	in mind?

답은 "I wish peace in mind(나는 마음의 평화를 바란다)."

Step 5. Speak out

Q : Do you wish me to be happy every day(너는 내가 매일 행복하길 바라니)?

⇨ Yes, I wish you to be happy every day(응, 나는 네가 매일 행복하길 바라).

Q : Does your friend wish you to achieve goals in life(네 친구는 네가 인생에서 목표를 성취하기를 바라니)?

⇨ Yes, my friend wishes me to achieve goals in life(응, 내 친구는 내가 인생의 목표를 성취하기를 바란다).

Q : Do you wish peace in mind(너는 마음에 평화를 바라니)?
⇨ Yes, I wish peace in mind(응, 나는 마음의 평화를 바라).

Q : What do you wish for me(너는 나를 위해 무엇을 바라니)?
⇨ I wish you to be happy every day(나는 네가 매일 행복하기를 바란다).

Q : What does your friend wish for you(너의 친구는 너를 위해 무엇을 바라니)?
⇨ My friend wishes me to achieve goals in life(내 친구는 내가 인생의 목표를 성취하기를 바란다).

Q : What do you wish in mind(너는 마음의 무엇을 바라니)?
⇨ I wish peace in mind(나는 마음의 평화를 바란다).

Useful expressions

- That's exactly what I desired(내가 정말 바라던 것이다).
- You couldn't ask for a better chance than this(이것은 더 바랄 수 없는 기회이다).
- Many things fall short of our expectations(바랐던 대로 되지않는 일이 많다).
- an empty hope(헛된 희망)
- hopeful-hopeless(희망적인-희망이 없는)
- contrary to one's wishes(~과는 반대로)
- There is a hope of~(~의 희망이 있다)

DAY 18
LIVE : 살다
to have life, to be alive

Step 1. Concept

live는 동사로는 '살다'이지만 형용사일 때는 '살아있는, 생방송중'인이라는 의미를 가지고 발음도 달라진다. 형용사는 [laiv]로 발음하고, 동사는 [liv]로 발음한다.

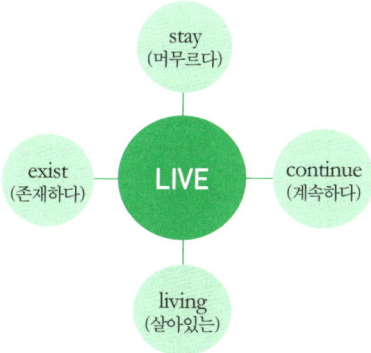

Step 2. Mind map

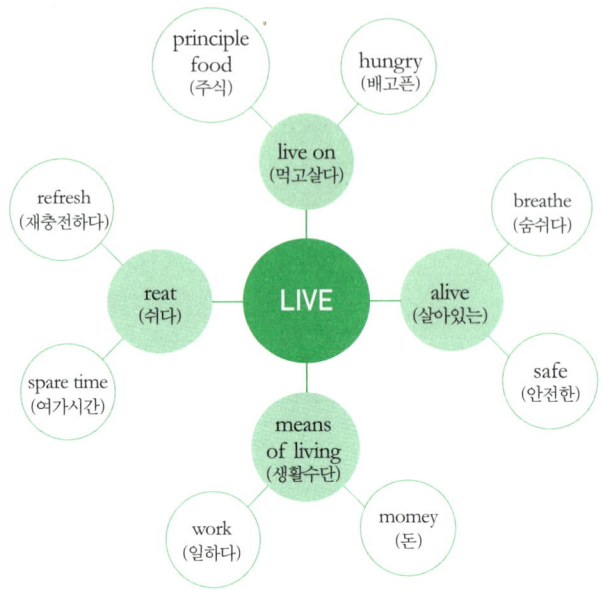

Step 3. Sentence frame

다음 문장들을 한국말로 써놓고 문장의 프레임에 넣기 위해 분석을 해 볼 필요가 있다. '누가, 무엇이'에 해당하는 것에 1번(주어 자리), 동사는 2번, 목적어나 보어는 3번 자리, 그리고 시간과 때, 장소 등의 수식어구는 5번 자리로 표시하고 각자의 자리에 넣어보자.

1	우리는	사랑을 위해서	산다
	1	5	2

2	많은 사람이	행복하지 않은 환경에서	살아간다
	1	5	2

3	그는	적은 예산으로	먹고 살았다
	1	5	2

이 문장을 프레임이 넣어서 영작해보자.

1(주어)	2(동사)	5(수식어구)
우리는	산다	사랑을 위해서
We	live	for love

1(주어)	2(동사)	5(수식어구)
많은 사람이	산다	행복하지 않은 환경에서
Many people	live	in unhappy circumstances

1(주어)	2(동사)	5(수식어구)
그는	먹고 살다	적은 예산으로
He	lives on	with a small budget

Step 4. Questions & Answers

다음 문장들을 가지고 질문을 만들어보자. 이 질문들을 다른 사람에게 적용해서 물어보면서 다양한 답변을 얻을 수 있다. 스스로에게 질문을 던져서 답변을 해본다. 대화는 좋은 질문을 하고, 또 질문에 답을 할 수 있어야 한다. 다음 문장을 그대로 질문으로 만드는 연습을 해보자.

"We live for love."

의문문 만들기 : 너는 사랑을 위해서 사니?

조동사	1(주어)	2(동사)	5(수식어구)
	너는	산다	사랑을 위해
Do	you	live	for love?

"Many people live in unhappy circumstances."

의문문 만들기 : 많은 사람이 행복하지 않은 환경에서 살고 있니?

조동사	1(주어)	2(동사)	5(수식어구)
	많은 사람이	산다	행복하지 않은 환경에서
Do	many people	live	in unhappy circumstances?

"He lives on with a small budget."

의문문 만들기 : 그는 적은 예산으로 먹고 사니?

조동사	1(주어)	2(동사)	5(수식어구)
	그는	먹고 산다	적은 예산으로
Does	he	live on	with a small budget?

이제 다음 문장들을 보고 답을 해보자.

"너는 무엇을 위해 사니?"

의문사	조동사	1(주어)	2(동사)
무엇		너는	산다
What	do	you	live for?

답은 "I live for love(나는 사랑을 위해 산다)."

"많은 사람이 어떻게 살고 있니?"

의문사	조동사	1(주어)	2(동사)
어떻게		많은 사람이	산다
How	do	many people	live?

답은 "Many people live in unhappy circumstances(많은 사람이 행복하지 않은 환경에서 살고 있다)."

"그는 어떻게 먹고 사니?"

의문사	조동사	1(주어)	2(동사)
어떻게		그는	먹고 살다
How	does	he	live on?

답은 "He live on with a small budget(그는 적은 예산으로 먹고 살았다)."

Step 5. Speak out

Q : Do you live for love(너는 사랑을 위해 사니)?
⇨ Yes, I live for love(예, 나는 사랑을 위해 살아요).

Q : Do many people live in unhappy circumstances(많은 사람이 행복하지 않은 환경에서 살아가니)?
⇨ Yes, many people live in unhappy circumstances(예, 많은 사람이 행복하지 않은 환경에서 살아가요).

Q : Does he live on with a small budget(그는 적은 예산으로 먹고 사니)?
⇨ Yes, he lives on with a small budget(예, 그는 적은 예산으로 먹고 살아요).

Q : What do you live for(너는 무엇을 위해 사니)?
⇨ I live for love(나는 사랑을 위해서 살아요).

Q : How do many people live(많은 사람이 어떻게 사니)?
⇨ Many people live in unhappy circumstances(많은 사람이 행복하지 않은 환경에서 살아요).

Q : How does he live on(그는 어떻게 먹고 사니)?
⇨ He lives on with a small budget(그는 적은 예산으로 먹고 산다).

Useful expressions

- a means of living(살아가는 수단)
- live a busy life(바쁜 삶을 살다)
- the joy of living(삶의 기쁨)
- What do we live for(무엇을 위해 우리는 사는가)?
- I have nothing to live for(사는 보람이 없다)
- manage to live(이럭저럭 살아가다)
- live in a small way(검소하게 살다)
- a book that lives in my memory(내 기억 속의 책)
- They lived happily ever after(그들은 영원히 행복하게 살았습니다).
- live well(잘 산다)
- He lived for his work(그는 그의 일 때문에 살았다).

마치는 글

나는 중국어를 배우는 학생이다. 기초 실력밖에 되지 않는다. 시간을 쪼개서 수업은 하는 것 같은데 실력이 느는지 도통 알 수가 없다. 정말 답답한 노릇이다. 그래서 그때 우리 학생들을 마음을 이해하게 되었다.

'아, 이렇게 안개 속을 걷는 기분이구나.' 그래서 《읽기만 해도 영어가 되는 책》에서 소개한 단계(step)대로 중국어를 적용해보았다.

'먹다'라고 하면 떠오르는 것을 마인드맵하고, 내가 만들고 싶은 문장을 한글로 만들어 중국어 사전을 뒤져가면서 단어와 표현을 찾아 써넣어 문장을 만들었다. '내가 중국어 문장을 만들다니!' 정말 감격스러웠다. 내가 아는 중국어 선생님께 맞는지를 여쭤보고 한두 개를 교정해주시니 완벽한 중국어 문장이 되었다. 계속 말하고 싶어 입이 근질근질하였다.

바로 이것이다! 영어도 이렇게 해야 한다. 매일 3문장씩을 만들고 질문과 답을 공부했다. 사실 영어를 쓰는 사람들이 일상에서 자주 쓰는 500개의 단어들만 잘 활용해도 일상 소통에 무리가 없다고 한다. 6개월 정도를 꾸준하게 영어 공부하는 데 시간을 투자해보자. 그리고 반드시 내가 알고 싶은 문장과 표현이 무엇인지를 확인하면서 해야만 한다.

　책으로 다 표현할 수 없는 것들이 안타깝지만 이렇게 만든 문장들은 주변에 영어를 좀 하시는 분들이나 선생님께 물어보거나 구글 등의 검색 엔진에서 만든 문장을 넣어보면 다른 사람들이 만든 비슷한 문장들을 비교하면서 공 할 수도 있다.

　3년 동안 수많은 학생을 가르치며 꼭 필요한 학습법이라는 것을 검증받게 된 것이 감사하고, 특히 자녀들을 가르치기 위해 공부하는 맘스영어 학생들에게 감사하다. "2년이 넘도록 같은 내용을 보고, 또 보고 반복해서 공부하면서 영어에 대한 자신감이 생기고 더 이상 영어가 어렵게 느껴지지 않는다"라고 말하며 그들은 영어 공부에 열정을 불태우고 있다. 이렇게 많은 분이 이 책을 통해 영어를 새롭게 보는 눈이 뜨이고 마음에 기쁨과 자신감이 생기길 기도한다.

　이해하고 사랑으로 도와준 가족들에게 감사를 전하며, 사랑의 마음으로 이 책을 쓰게 해주신 하나님께 모든 감사를 드립니다.

초판 1쇄 인쇄 2017년 1월 2일
초판 1쇄 발행 2017년 1월 10일

지은이 조앤 김
발행인 김우진

발행처 북샾일공칠
등록 2013년 11월 25일 제2013-000365호
주소 서울시 마포구 월드컵북로 375, 2306(DMC 이안오피스텔 1단지 2306호)
전화 02-6215-1245 | **팩스** 02-6215-1246
전자우편 editor@thestoryhouse.kr

ⓒ 2017 조앤 김

ISBN 979-11-952473-9-4 13740

- 북샾일공칠은 (주)더스토리하우스의 자기계발, 실용서 출판 브랜드입니다.
- 이 책의 내용 전부 또는 일부를 재사용하려면 반드시 동의를 받아야 합니다.
- 책값은 뒤표지에 있습니다.

이 도서의 국립중앙도서관 출판예정도서목록(CIP)은 서지정보유통지원시스템 홈페이지(http://seoji.nl.go.kr)와 국가자료공동목록시스템(http://www.nl.go.kr/kolisnet)에서 이용하실 수 있습니다.(CIP제어번호: CIP2016031920)